装备管理信息系统原理与应用

王铁宁　贺云卓　彭艳丽　主编

国防工业出版社

·北京·

图书在版编目(CIP)数据

装备管理信息系统原理与应用/王铁宁,贺云卓,彭艳
丽主编. —北京:国防工业出版社,2013.4
ISBN 978-7-118-08358-3

Ⅰ.①装… Ⅱ.①王…②贺…③彭… Ⅲ.①装
器装备管理－管理信息系统 Ⅳ.①E075－39

中国版本图书馆 CIP 数据核字(2012)第 244116 号

※

*国防工业出版社*出版发行
(北京市海淀区紫竹院南路23号 邮政编码 100048)
北京嘉恒彩色印刷责任有限公司
新华书店经售
*
开本 710×960 1/16 印张 15½ 字数 273 千字
2013 年 4 月第 1 版第 1 次印刷 印数 1—2500 册 定价 56.00 元

(本书如有印装错误,我社负责调换)

国防书店:(010)88540777   发行邮购:(010)88540776
发行传真:(010)88540755   发行业务:(010)88540717

《装备管理信息系统原理与应用》
编写委员会

主　　编　　王铁宁　　贺云卓　　彭艳丽

参编人员　（以撰写章节先后为序）

卢庆龄　　张文俊　　王胜德

曹　钰　　杨学强

前　言

为迎接世界军事变革的挑战,我军提出了积极推进中国特色的军事变革的战略方针,即"建设信息化军队,打赢信息化战争"。为了保证装备保障的准确、及时、可靠和有效,实现保障有力,装备保障领域正在进行以信息化建立为核心的转型建设,其中,装备管理信息系统的开发和应用,已成为装备保障建设的重要内容。

装备管理信息系统建设,是指通过利用全军综合信息网,构建装备管理综合数据库,开发各级装备管理信息系统,实现装备保障过程中的装备、维修、器材、训练、战备以及人员、设备设施、技术资料等数据的网络化管理,为装备管理信息的采集、储存与处理、传输、决策提供统一的管理信息系统平台,确保快速、及时、准确地进行平时和战时装备保障信息的处理和交换,从而达到实现精确保障,提高装备保障能力的目的。

近年来,我军装备保障信息化建设已经取得了一定进步。随着装备管理信息系统在部队的不断应用,部队急需大批从事装备管理信息系统开发与应用的人才。因此,开展管理信息系统原理与应用的课程建设,已成为院校教学工作的当务之急。

为了使从事装备管理信息系统开发与应用人员进一步了解和掌握装备管理信息系统的理论基础、开发过程和开发方法,同时,也为了使相关专业的学员了解管理信息系统在装备管理中的实际应用,掌握管理信息系统的概念,管理信息系统实现的方法、技术和相关知识,达到能将管理信息系统技术运用到实际管理工作中去的目的。笔者结合多年从事管理信息系统教学和开发的实践经验,结合装备管理业务实际,编写了这部教材。希望能够对装备管理信息系统的推广应用,对装备保障的信息化建设起到一些促进作用。

本书从内容上分为四大部分:

(1) 装备管理信息系统的概念基础。包括装备管理信息系统的基本概念、作用及应用,装备管理信息系统的技术基础,系统规划及系统开发方法等,由前三章组成。

（2）装备管理信息系统开发过程的各个阶段及其技术方法。包括开发过程的系统分析、系统设计、系统实施、系统管理与维护等阶段的主要工作和技术方法等。分别结合具体示例进行了详细介绍,由第 4 章 ~ 第 7 章组成。

（3）装备管理信息系统内容介绍。讲述器材网络管理信息系统的体系结构、应用系统构成、系统环境及其特点等内容,由第 8 章组成。

（4）附录。包括实验指导书、项目开发报告参考格式及凯云协同软件开发平台。实验指导书中详细介绍了实验项目、功能描述、实验内容与具体要求;项目开发报告参考格式给出了报告编写的格式、内容及要求;凯云协同软件开发平台是一种快速开发管理信息系统的工具,可实现免源代码的系统开发,使用户能够快速构建管理信息系统。

本书通过归纳整理管理信息系统的技术基础和开发方法学,结合装备管理示例,介绍了装备管理信息系统各个开发阶段的技术方法,既注重了系统软件工程的理论和规范,又强调了装备信息管理的内容,理论联系实际,理论性、系统性、实践性较强。本书可以作为军队院校相应专业学员学习管理信息系统课程的教材,同时,对于从事装备管理信息系统开发的人员,可以作为一本较好的参考书。对于其他相关人员,也具有较大的参考价值。

本书第 1 章由王铁宁教授编写,第 2 章、第 4 章由彭艳丽编写,第 3 章、第 5 章由贺云卓编写,第 6 章由卢庆龄编写,第 7 章由张文俊编写,第 8 章由王胜德编写,附录由曹钰编写,书中部分案例由杨学强编写。全书由王铁宁教授负责章节策划和统稿。在本书的编写过程中,作者参考了许多国内外文献和教材,引用了许多装备保障信息化建设方面的研究成果和研究生学术论文。在此,谨向提供过这些资料的诸位学者和同仁表示衷心的感谢。

由于编者水平有限,加之管理信息系统的理论与应用,特别是装备管理信息系统的理论与应用正在不断地快速发展着,因此书中难免会有错误和疏漏。欢迎读者提出宝贵意见,以便本书修订时改正。

编　者
2012 年 10 月

目　录

第1章 装备管理信息系统

随着计算机和网络通信技术的发展,人类正在飞快地步入一个新的时代——信息时代。信息系统随着科学技术的发展在不断的探索和实践中已经形成了较完整的理论和技术体系,各种信息系统已经应用于现代社会的各个方面,包括军队武器装备的管理。

装备管理工作经过多年建设和发展,已经形成了一整套符合我军特点的保障机制。装备管理信息系统的逐步建设和应用,大大提高了装备管理水平和效率。

随着我军新时期军事变革和建设机械化、信息化军队目标的提出,我军信息化建设显露出蓬勃发展之势。在此背景下,进一步研究装备管理信息系统的建设工作,对实现装备管理信息化、系统化、科学化,全面促进装备管理工作,具有重要的意义。

1.1 装备管理信息系统相关概念

1.1.1 装备管理

装备管理信息系统的应用领域是装备管理,下面首先来界定管理与装备管理的概念。

1. 管理

自有人类以来就有了管理,但真正把管理作为概念和理论来进行大量研究还是在20世纪初工业革命时代开始的,因而可以说它还是个很年轻的学科。近年来关于管理的一些较精确的定义和概念已经出现,其中比较全面综合的一个定义是:"管理是为了某种目标,应用一切思想、理论和方法去合理地计划、组织、指挥、协调和控制他人,调度各种资源,如人、财、物、设备、技术和信息等,以求以最小的投入去获得最好或最大的产出目标。"从这个定义可以看出,管理的职能是计划、组织、指挥、协调和控制;管理的途径是通过他人来完成工作。

西方现代管理学派中以西蒙(Herbert A. Simon)、马奇(James G. March)为代表的决策理论学派认为,决策贯穿于管理的全过程,管理就是决策,并提出了决策的三种结构化程度划分,即结构化的(Structured)、非结构化的(Non – Structured)和半结构化的(Semi – Structured)管理决策。

(1)结构化的管理决策。一般是指决策方法和决策过程有固定的规律可遵循,可用形式化的方法描述和求解的一类管理决策问题,如可用解析的方法、运筹学的方法、经验方法、程式化的方法等来解决的决策问题。

(2)非结构化的管理决策。一般是指决策方法和决策过程没有什么规律可遵循并难以用确定的方法和程式表达的决策问题。这种决策通常需要决策者根据他们的经验以及当时的内外环境做出决定。

(3)半结构化的管理决策。是指介于前两者之间的一种情况,即决策方法和决策过程有一定的规律可遵循,但又不完全确定的情况。在管理活动中所遇到的决策绝大部分属于这种情况。

这三种划分不是绝对的,它随着人们对该决策认识程度的加深而变化。从认识论的角度来看,任何事物都可以被认识,但要有一个过程,从不认识到认识,而且永无穷尽。这就是说,这种现象不是客观事物自身的不可知性,而是我们认识程度有限、知识不完全所决定的。随着我们对决策问题了解的不断深入,非结构化问题会进化成为半结构化问题、进而完全被认识,成为结构化问题。

2. 装备管理

装备管理是对装备各项技术工作实施计划、组织和协调活动的总称。它以现装备及技术组织结构为基础,以各项技术工作的组织活动为研究对象,通过建立和健全各级组织机构、制定各项技术政策和工作计划,以对装备活动实施有效的监督与控制。

装备管理的定义有广义与狭义之分。广义的装备管理是指对装备全系统、全寿命的管理,是对装备从"生"到"死"各个环节一系列管理活动的总称。通常,这个全寿命阶段的管理又可分为发展管理和使用管理两个阶段。其中发展管理是指装备列装之前的管理活动,即装备在论证、方案研制、工程研制和生产阶段的管理活动。使用管理是指装备列装部队以后对装备的管理活动,即从部队接收装备开始,直到装备经批准退役报废为止,这一全过程的一系列管理活动,包括装备的调拨、补充、动用、封存、保管、维修、转级、退役和报废等工作内容。狭义的装备管理就是指装备使用阶段的管理。

本教材中的装备管理特指狭义的装备管理。

装备管理的目的主要有两点:首先,就是要保持装备良好的技术状态,使装备达到规定的完好率要求,能够保证随时遂行作战和训练任务的完成;其次,就是要以最低的使用与维修费用实施装备使用阶段的管理与保障,提高管理效益。

3. 装备管理的内容

在上述装备管理体制约束下的装备管理工作,从业务层面出发,包括以下主要工作内容:

(1)日常管理。日常管理是部队装备管理的主导性工作,是保持和提高装备完好率、配套率的一项经常性管理活动,是开展装备修理和器材保障工作的重要依据。某型装备日常管理的主要任务是:准确掌握装备的编制、实力和技术状况;制定装备使用、送修计划,控制装备按计划动用;组织实施装备保养、保管和技术状况检查;组织实施装备调拨、交接、改装、退役和报废工作;管理工具、备品和技术文件;组织实施车场和专业设备的管理等。

(2)维修管理。装备维修是部队装备管理工作的重要组成部分,是使装备恢复规定的技术状态的重要技术措施。某型装备维修的主要工作任务是:科学规划各类装备的维护与修理工作,优质、快速、低耗、安全地组织实施装备的维修、零部件修复和自制件生产、装备性能的改进,以及战时装备抢救、抢修工作,迅速恢复装备的战术技术性能,保证装备的持续作战能力。

(3)器材管理。器材是实施装备各类修理的重要物资基础。器材管理的任务就是根据装备平战时修理的需求,组织实施装备器材的计划、筹措、存储、供应和运输。

(4)训练管理。装备训练也称装备保障训练,是军事训练工作在装备工作中的延伸,也是军事训练的重要组成部分。装备训练管理,紧密结合装备技术保障的工作实际,着眼于高技术与新装备的发展,组织实施各类装备技术保障人员的生长培训与在职培训,不断提高装备技术保障人员的专业技术水平,造就结构合理、专业配套、适应能力强的装备技术保障队伍。

(5)战备管理。落实日常战备制度,储备和管理战备物资,建设装备技术保障战备配套设施,制定装备技术保障战备方案,开展装备技术保障战备训练与演练,按时完成战备等级转换等。

(6)科学研究管理。组织实施装备技术保障的理论与方法研究,探索修理新工艺、新材料、新技术,进行装备动用研究,研究与编制装备技术保障标准、规范,参与装备型号科研工作,组织实施装备技术保障学术交流等。

(7)指挥管理。确定装备技术保障决心,明确装备机关、分队的编成、部署与任务,组织实施装备抢救抢修与器材供应,进行装备技术保障的防卫,组织装备技术保障协同等。

(8)信息管理。运用先进的科技手段,建立完整的数据资料收集、处理、存储与反馈系统,及时、准确、完整和连续地收集装备技术保障信息并进行科学的统计分析,组织各种信息的流通和反馈,为装备技术保障工作的规划、决策、指挥管理提供科学依据,为装备改进和新装备研制提供依据。

从这些工作内容可以看出,装备管理既有技术活动,又有管理与战术活动,是技术、管理与战术活动的协调统一。

1.1.2 装备管理信息

上述装备管理的任务在于有效地管理各种人、财、物、管理方法等资源来实现装备管理的目标,而要管理这些资源,需要通过反映这些资源的信息来管理。每个管理系统都首先要收集反映各种资源的有效数据,然后,再将这些数据加工成各种统计报表、图形或曲线,以便管理人员能有效地利用组织中的各种资源来完成特定的目标。所以,信息是管理上的一项极为重要的资源。可以说,装备管理的过程就是对装备管理活动中的信息进行管理的过程。

信息也是管理信息系统的最重要的成分。有些人对管理信息系统有些错误的理解。把它看成是计算机系统,过多地强调了其技术方面。殊不知,管理信息系统最重要的成分应当是信息。管理信息系统能起多大作用,对管理能做出多大贡献,都取决于有没有足够和高质量的信息,而能否得到高质量的信息又取决于工作人员对信息的认识。

1. 信息的定义及属性

对于信息有很多定义,有人说信息是消息;有人说"信息是所观察事物的知识";有人说"信息是人们对事物了解的不定性的减少或消除";有人说"信息是关于客观事实的可传播的知识"等。这些说法是从不同的侧面提出的,都有一定的道理。

如果从信息系统的角度看,信息可以定义为:信息是经过加工后的数据,它对接收者的行为能产生影响,它对接收者的决策具有价值。

因此,在管理信息系统的概念中,信息与数据有着不可分割的联系,但它们的概念是不同的。

数据(Data)是指客观实体的属性的值。它可以是字母、数字或其他符号,也可以是图像、声音或者味道。例如:"这本书有30页",这里的"30"就是客观实体"书"的属性("页数")的值,因此,"30"就是一个数据。

不难看出,数据是记录下来的,可以鉴别的,一般说来是未经加工的原始资料。而信息则是经过加工后的数据。可以比喻数据是原料,信息是产品,如图1-1所示。

与原料和产品的概念相似,一个系统的产品可能是另一个系统的原料。那么一个系统的信息可能成为另一个系统的数据。例如,组织当中某管理信息系统输出的信息可能同时就是某决策支持系统要输入的数据。

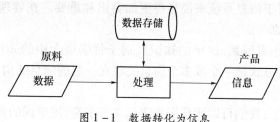

图 1 - 1　数据转化为信息

为了更好地发掘信息的价值,应当更深入地了解信息的属性。信息具有以下基本属性:

(1) 信息的结构化程度。任何信息都有它的内容和它的组织形式(表现为某种格式)。组织形式的严格性或者说是结构格式的严紧性,就是信息的结构化程度。例如一张格式严密的表格和一篇文章,它们的结构化程度就大不一样。

(2) 信息的准确程度。表达信息含义的精确度称为准确程度,它是信息通信、信息处理和信息控制中一项十分重要的指标。

(3) 信息的重要程度。重要程度主要包含两个方面,一是对检验功能的要求,是否要求确保每一个数的完全准确;二是对信息的安全保密的要求,即如何保证重要信息不丢失;不泄露。

(4) 信息量。信息在传输、存储和处理的各个环节上都有不同角度的数量指标,如日平均输入数量、月存储数量和最高数据处理量等。信息的数量属性对于系统的研制工作是一项不可忽视的要素。

(5) 信息的使用频率。这是指信息在系统中被使用或变更的次数的多少。有的信息可能被经常使用,有的则是偶尔被使用。

(6) 信息的使用要求,如信息的输入输出方式、精度、格式和响应时间等。

(7) 管理是分等级的,不同等级的管理要求不同的信息,因而信息也是分等级的。管理一般分高、中、低三层,相应地,信息也分高、中、低三层,或者说分战略层、控制(管理)层和执行(运行、操作)层。不同级的信息其属性不同,战略层信息是关系到组织长远命运和全局的信息,控制层信息是关系到组织运营管理的信息,执行层信息是关系到组织业务运作的信息。不同层次信息属性的比较见表1-1。

表 1 - 1　不同层次信息的属性比较

信息	来源	寿命	保密性	精度	使用频率
战略层信息	外部	长	高	低	低
控制层信息	外部内部	中	中	中	中
执行层信息	内部	短	低	高	高

以上属性,对于信息系统来说显得更加突出和重要。在管理信息系统的分析和设计中需认真考虑。

信息与知识也有联系,这里的知识区别于哲学概念中的知识,其定义可以为:知识是以各种方式把一个或多个信息关联在一起的信息结构,是客观世界规律性的总结。

在这种定义下,我们可以用数据来表示文字字符,用单词的含义来表示确定的信息,如库存、收入、支出、消耗、增加、减少等,用"消耗增加了,库存要减少","收入增加","支出减少"等数据和信息来构成装备器材消耗情况的事实,这种事实是人们长期积累形成的知识,即事实型知识。如果将这些事实型的知识用确定的逻辑表达式关联起来,如"没有收入且有支出或消耗"则"库存必然减少","阴天且伴有雷电",则"天可能要下雨"等,这些就形成了信息系统中更具有广泛意义的规则型知识。

上述详细介绍数据、信息和知识的区别,是因其与信息系统的密切联系。乌家培教授认为:"从信息资源管理的方面来考察,企业信息化的发展存在数据管理、信息管理和知识管理三个阶段"。信息资源管理的阶段发展符合事物由简单到复杂,从低级到高级的发展规律。在早期,限于信息技术的能力和信息系统的水平,实际上的信息资源管理还侧重在管好信息的载体——数据,通过系统地组织数据和处理数据,更好地了解和掌握其他资源及其相关的活动。信息管理阶段推出了加工数据和产生信息,用以指导和控制相关领域的活动,这时对如何收集和利用信息系统以外的各种软信息也重视起来,信息资源管理的内涵和信息资源价值得到较充分的体现。知识管理阶段则发展到从数据或信息中提炼知识、给予计算机智能和提高人类智慧,再基于知识解决实际问题,使信息资源产生更大的价值。

2. 装备管理信息的定义及分类

装备管理信息是指贯穿于上述各种装备管理活动当中的、在装备管理活动中经过加工处理的、有序的、并大量积累起来的有用信息的集合。它是一种重要的战略资源,因为其中蕴含着的信息具有十分重要的军事功能。

按照信息反映的内容,可以将装备管理信息分为以下几类:

(1)装备基本信息。反映装备基本情况的一些信息,如装备名称、型号、类型、生产厂家、生产年份、批次等。

(2)使用信息。反映装备使用情况的信息,如使用单位、使用时间、使用强度、役龄等。

(3)存储信息。反映装备存储基本情况的信息,如存储条件、存储时间、质量变化等。

（4）故障信息。反映装备在使用、存储等过程中故障的信息，如故障时间、故障部位、故障原因、故障现象等。

（5）维修信息。反映装备故障修复或预防性维修的有关信息，如维修类别、维修级别，有效维修时间与有效维修工时，维修延误时间与延误原因摘要等。

（6）可靠性信息。反映装备、零部件的可靠性数据，如寿命分布的类型、参数等。

（7）维修性信息。反映装备、零部件的维修性数据，如维修时间分布的类型、参数等。

（8）器材信息。反映器材的品种、需求与消耗的数量等，如维修器材明细表、维修器材消耗定额、器材平时储备与战备储备定额、器材分配计划、器材出入库记录等。

（9）人员信息。反映与装备相关人员的信息情况，如人员数量、工种、技术等级、技术等级时间、文化程度等。

（10）费用信息。反映装备使用和维修的预算和实际收支信息，如使用费用、维修费用、使用维修人员薪金、生活保障与管理费用、人员培训费用等。

（11）保障机构信息。反映各类装备管理机构、设备、设施等方面的信息。

（12）相关信息。如有关政策、法规、标准、制度和使用要求等。

3. 装备管理信息的特性

装备管理信息与其他信息一样，具有一般信息的属性，另外，它也有其自身的特性。

（1）分散性与相关性。装备管理信息存在于装备寿命周期的各个阶段，并产生于各有关部门和人员的实践之中，体现了它的分散性。但各种信息之间又相互联系、相互影响，从而又具有分散性。这一特点决定了装备信息管理工作是项多层次、多环节且相互关联的工作。

（2）随机性。在装备管理活动中，随时都可能产生装备管理信息，但什么时间会发生什么样的信息却是随机的。例如，装备在使用中会发生故障，但哪个装备在什么时候发生故障是随机的。

装备管理信息系统要发挥它应有的作用，就需要根据装备管理信息的这些特性，有目的地对装备管理信息进行收集、筛选、整理、加工处理，使之成为有用的信息。不然，如果系统内部各种信息匮乏或质量低下，即使软件设计得再完美、数据库结构再合理，系统也无法提供及时、准确、高质量的管理信息，起不到应有的保障决策支持作用。

1.1.3 系统与信息系统

1. 系统的概念及特性

系统(System)是由相互作用和相互依赖的若干组成部分,为了某一目标(或者说是具有某种特定功能)结合而成的有机整体。

一般而言,系统的基本组成可分为三大部分,即输入、处理和输出三部分,也是通常所说的 IPO(Input – Process – Output)结构,如图 1 – 2 所示。

图 1 – 2 系统的一般模型及其与环境的关系

定义和描述一个系统的各种特征构成了系统的边界。系统属于边界之内,边界之外称为环境(Environment)。确定系统的边界是分析系统和建立系统的一项重要工作。

从系统的概念和它与环境之间的关系,我们可以得到系统的几点主要特性:

(1) 目标性。组成系统的各个部分是为了某些目标而集中起来的,系统的组织必须适应其功能和目标的要求。

(2) 整体性。系统是由各个元素或部件组成的。元素之间有一种"成团"的现象:一部分元素更紧密地联系在一起,形成相对独立的集团,有自己的整体特性,这类集团称为子系统或分系统。因此又可以说系统是由若干子系统组成的,各子系统代表着某种功能上的分工。系统是子系统组成的有机整体,而不是其简单集合。组成系统的目的是要实现系统的整体功能最优,当系统的结构趋于合理时,系统的整体功能大于各子系统功能之和,因而系统整体性具有放大效应。

(3) 相关性。组成系统的各个子系统之间是相互联系和相互制约的,它们之间存在各种物质的或信息的交换,这种相关性是完全由系统的目标性带来的。

(4) 层次性。组成系统的各个子系统可以分解成为更细一级的子系统。每个子系统都有其自身的目标、边界、输入、输出、内部结构及其物质的或信息的流动。子系统的层次之间互相联系,互为环境。

(5) 界定性。系统与外界环境之间是有明确的边界的,并且通过边界进行物质的或信息的交流。因此,从某种意义上说,一个系统是由它的边界所确定了的。

8

（6）环境适应性。系统的外界联系是环境,系统处在环境之中,其环境又是更高一级的系统。系统必须和外界环境产生物质的信息的交换,必须根据环境的变化而变化,只有这样才能生存,能适应环境变化的系统才是具有生命力的系统。

掌握系统的特性对于我们运用系统的方法去分析和建立一个系统是很有帮助的。例如,了解了系统的目标性,在研究和构建系统的时候,就要首先明确系统的目的,了解系统所要完成的任务,弄清系统的输入、处理、输出和流程。再如,了解了系统的界定性,在构建系统时,就要注意将系统与系统所在的环境区分开来,使得研究得以简化、对象更加集中。再如,了解了系统是动态的、发展的,在进行系统分析时,就要注意系统的应变性,注意各个系统之间存在的信息联系,以及影响和制约,使系统分析更加全面和完善,使构建的系统具有很好的灵活性和适应性。

在今后讨论信息系统的开发时,就可发现系统的特性对于系统分析与设计的思想方法及具体技术具有非常大的影响。

2. 系统的集成

系统集成是为了达到系统目标将可利用的资源有效地组织起来的过程和结果。系统集成的结果是将部件或小系统联成大系统。

系统集成在概念上包括连通,如网络的连通,但绝不只是连通,而是有效地组织。有效的组织意味着系统中每个部件得到有效的利用,或者反过来说,为了达到系统的目标所耗的资源最少。系统集成是要达到系统的目标,这个目标总是要达到 $1+1>2$,即系统的总效益大于各部件效益之和。事实上对于信息系统而言,集成的系统所完成的效益是每个分系统单独工作所无法完成的,因而是 $1+1>2$。

系统集成在当前比较流行,关键在于它的重要性。正如前面所述,如果没有系统集成,各部件的效益均无法发挥。所以它成了实现系统效益的瓶颈。另外又在于它是系统上的系统,是复杂的系统,是关系全局的系统,因而它影响面大。我国现在很多组织的信息系统没有发挥应有的效益,很多都是由于各自为政、信息不能共享,系统没有集成所致。

像其他任何对象的分类一样,由不同的角度可以把系统集成分为不同的类型。例如,按照系统优化的程度可将系统集成分为连通集成、共享集成和最优集成。

（1）连通集成。就是首先保证设备能互相连通。连通性是指计算机和计算机基础的设备在无人干涉的情况下相互通信和共享信息的性能。连通不只是连网而已,另外的一些性能也应具有。例如应用程序兼容性,同样的软件可应用于不同的机器上;信息兼容性,在不同的硬件平台上和软件应用程序间共享计算机文件;互用性,软件应用程序应用于不同的硬件平台,而又维护一样的用户界面和功能的能力。

（2）共享集成。是指整个系统的信息能力为系统中所有用户所共享。这种要求看起来很容易做到，但实际上是很难的。一般来说，这里应当有各共享的数据库，其内容为全组织共享，而且要维护到最新状态。除此之外，所有用户的数据在有必要时，也容易接受其他用户的访问。共享集成还可以包括应用软件的共享，在网络上提供很好的软件，用户容易应用或下载，不必要每台机器独立装设许多软件等。

（3）最优集成。是最高水平的集成，理想的集成，也是很难达到的集成。一般只有在新建系统时才能达到。在新建系统时，很好了解系统目标，自顶向下，从全面到局部，进行规划，合理确定系统的结构，从全局考虑各种设备和软件的购置，达到总经费最省，性能最好。实际上随着时间的推移、环境的改变，原来最优的系统，后来已偏离最优了。在开始设计时它是最优的，建成以后已不是最优了。所以最优系统实际上是相对的。追求最优的努力应该一直继续下去。

3. 信息系统

信息系统是一种专门类型的系统，可以用不同的方法对其定义。

从管理的角度来看，组织中的各项活动表现为物流、资金流、事务流和信息流的流动。若几个信息流联系组织在一起，服务于同类的控制和管理目的，就形成信息流的网，这称为信息系统。信息系统和其他系统不同，它不从事某一具体功能，做某一具体工作，而是关系全局的协调统一。

从系统的观点看，信息系统则是一系列相互关联的可以收集（输入）、操作和存储（处理）、传播（输出）数据和信息并提供反馈机制以实现其目标的部件的集合。从这个定义可知，信息系统是一种带有反馈类型的系统，通常是一个为组织的各级领导提供管理决策服务的系统，如图 1-3 所示。

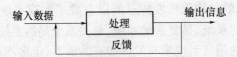

图 1-3 从系统观点看信息系统的结构

（1）输入。在信息系统中，输入是获取和收集原始数据的活动。例如，大学里的教务管理系统，必须先得到课程信息、教室信息、学员信息等，将它们录入进系统，才能进行进一步的排课、安排考试等操作。

（2）处理。在信息系统中，处理将数据转换或变换为有用的输出。处理包括计算、比较、替换等操作。例如，学员某门课程成绩的处理过程是分别将学员的平时成绩、期中成绩、实验成绩、期末成绩按一定百分比进行计算得到。

（3）输出。在信息系统中,输出是指生成有用的信息,通常以文档、报表、或报告等的形式出现。例如,学生的成绩,提供给学员本人的成绩单,提供给系或教务部门的分析、统计报告。

（4）反馈。在信息系统中,反馈是一种用来改变输入或处理活动的输出。反馈回来的误差或问题可以用来修正输入数据,或者改变某过程。一个简单例子,百分制的考试,学生的成绩误录成 110 分,信息系统就应该提供检验和校对的反馈功能,以保证输入数据在一定范围内。

反馈对管理人员和决策者也很重要。例如,信息系统的输出可能表明某些物资的存货水平正在不断下降,那么,管理者就可以利用这个反馈信息做出再订购的决策。

1.1.4　管理与信息系统

管理工作的成败,取决于能否做出有效的决策,而决策的正确程度则取决于信息的质和量,信息是管理上极为重要的资源。现代管理越来越复杂,对情况的反应和做出决定越来越要求迅速及时,因此要求信息系统在正确性、精确性和时效性等方面不断提高。传统的手工系统越来越无法应付现代管理对信息的需要。而基于计算机的信息系统,能快速地把管理当中的巨大数据流收集、组织和控制起来,经过处理,转换为对各部门来说都是不可缺少的数据,经过分析,使它变成对各级管理人员具有重要意义的有用信息。特别是运筹学和现代控制论的发展,使许多先进的管理理论和方法应运而生,而这些理论和方法又都因为计算工作量太大,用手工方式根本不可能及时完成,只有现代电子计算机的高速准确的计算能力和海量存储能力,才为这些理论从定性到定量方面指导决策活动开辟了新局面。

综上所述,现代管理的核心是决策,有效的管理依赖于正确的决策;信息是决策的基础,这些充分及时的信息又是靠信息系统来完成的。

1.2　装备管理信息系统的概念

1.2.1　装备管理信息系统的定义

1. 管理信息系统定义的发展过程

管理信息系统(Management Information Systems,MIS)的概念起源很早。早在 20 世纪 30 年代,柏德就写书强调了决策在组织管理中的作用,就有了管理信息系统的萌芽。50 年代,西蒙提出了管理依赖于信息和决策的概念。同一时代维纳发表了《控制论与管理》,他把管理过程当作一个控制过程,而控制要依赖于信息。50 年代计算机已用于会计工作,1958 年盖尔写道:"管理将以较低的成本得到及时准确的信息,做到较好的控制。"这些都预示着管理信息系统的出现。

管理信息系统一词最早出现在 1970 年,由瓦尔特·肯尼万(Walter T. Kennevan)给它下了一个定义:"以书面或口头的形式,在合适的时间向经理、职员以及外界人员提供过去的、现在的、预测未来的有关企业内部及其环境的信息,以帮助他们进行决策。"这个定义说明了管理信息系统的主要功能是提供信息。什么时候的信息?是过去、现在和未来的。什么形式的信息?书面的或口头的。关于什么的信息?企业内部和外部环境的信息。什么时间提供?在合适的时间。向谁提供?经理、职员以及外界人员。用来做什么?帮助他们进行决策。很明显,这个定义是出自管理的,不是出自计算机的。它没有强调一定要用计算机,它强调了用信息支持决策,但没有强调应用模型、应用数据库。所有这些均显示了这个定义的初始性。直到 20 世纪 80 年代,1985 年管理信息系统的创始人之一,美国明尼苏达大学卡尔森管理学院的著名教授高登·戴维斯(Gordon B. Davis)才给出管理信息系统一个较完整的定义:"它是一个利用计算机硬件和软件,手工作业,分析、计划、控制和决策模型,以及数据库的用户—机器系统。它能提供信息,支持企业或组织的运行、管理和决策功能。"这个定义说明了管理信息系统的目标、功能和组成,而且反映了管理信息系统当时已达到的水平。它说明管理信息系统的目标是在高、中、低三个层次,即在决策层、管理层和运行层上支持管理活动。它不仅强调了要用计算机,而且强调了要用模型和数据库。它反映了当时的水平,即所有管理信息系统均已用上了计算机。

管理信息系统一词在中国出现于 20 世纪 70 年代末 80 年代初,根据中国的特点,许多最早从事管理信息系统工作的学者给管理信息系统也下了一个定义,登载于《中国企业管理百科全书》上。该定义为:"管理信息系统是一个由人、计算机等组成的能进行信息的收集、传递、储存、加工、维护和使用的系统。管理信息系统能实测企业的各种运行情况;利用过去的数据预测未来;从企业全局出发辅助企业进行决策;利用信息控制企业的行为;帮助企业实现其规划目标。"朱镕基主编的《管理现代化》一书中定义说:"管理信息系统是一个由人、机械(计算机等)组成的系统,它从全局出发辅助企业进行决策,它利用过去的数据预测未来,它实测企业的各种功能情况,它利用信息控制企业行为,以期达到企业的长远目标。"这些定义指出了当时一些人认为管理信息系统就是计算机应用的误区,再次强调了管理信息系统的功能和性质,再次强调了计算机只是管理信息系统的一种工具。对于一个组织来说没有计算机也有管理信息系统,管理信息系统是任何组织不能没有的系统。所以,对于组织来说,管理信息系统只有优劣之分,不存在有无的问题。

20世纪90年代以后,随着企业信息化的深入,人们对管理信息系统的认识也进一步提高,其概念也在不断拓展和深化。具有代表性的定义有两个:一个是"信息系统不仅是一个能向管理者提供帮助的基于计算机的人机系统,而且也是一个社会技术系统,因此,应将信息系统放在组织与社会这个大背景中去考察,并把考察的重点,从科学理论转向社会实践,从技术方法转向使用这些技术的组织与人,从系统本身转向系统与组织、环境的交互作用"。这个定义是人们在不断的实践中总结出来的,说明管理信息系统的应用不仅有赖于信息技术本身,而且更多地依赖于组织的内外部环境。这是对信息系统的社会技术系统属性的充分认识。还有一个定义是"管理信息系统通过对整个供应链上组织内和多个组织间的信息流管理,实现业务的整体优化,提高企业运行控制和外部交易过程的效率"。这个定义是网络技术的发展和电子商务深入应用的结果。管理信息系统已突破原有的界限,成为企业内部业务流程和外部商务流程集成的平台,即跨组织的信息交流平台。

2. 装备管理信息系统的定义及特点

根据管理信息系统的概念,这里给装备管理信息系统下一个定义:用来对装备管理中各种信息进行收集、存储、加工处理、传输和使用,最终为决策部门提供数据支持的由人、计算机和网络设备组成的信息处理系统。

由上述定义,结合管理信息系统概念的发展过程,总结装备管理信息系统的特点如下:

(1)它的基本的和最终的目的是要为装备管理提供决策服务。它必须能够根据装备管理的需要,及时提供信息,帮助机关部门进行决策。

(2)它是一个对各级装备保障组织乃至整个保障链条进行全面管理的综合系统。也就是说,装备管理信息系统具有综合集成的特点。各级机关或部队在建设信息系统时,可以根据需要在个别领域先建设,然后进行综合,最终达到在全军整个保障系统内应用信息系统进行综合管理的目标。装备管理信息系统综合的意义在于产生更高层次的管理信息,为管理决策服务。

(3)装备管理信息系统类似行业信息系统,强调统一性和全局性。装备管理信息系统不同于地方企业管理信息系统,不是在企业内部进行整体规划,而是对整个保障链条进行统一规划。部队体制的统一性,使得整个供应链的统一规划较地方上某行业的统一规划容易实施。

(4)它是一个人机结合的系统。在这个人—机系统中,机器包括计算机硬件、软件、各种办公设备;人员包括高层决策人员、中层职能人员和基层业务人员。装备管理信息系统是由这些人和机器组成的一个和谐的配合默契的人—机系统,既有管理的一面,又有技术的一面。说它是管理系统,因为它是由人组成,目的是要解决管理的问题;说它是技术系统,因为管理信息系统应用了大量的计算机方法与设备。我军一些装备管理信息系统建设失败的原因,就是忽略了管理的因素,认为开发装备管理信息系统只是技术人员的事情,因而不重视装备管理信息系统的总体规划,不重视理顺管理体制和管理业务,不重视解决开发队伍建设、业务人员培训和管理制度建设等方面的问题。表1-2列出了管理信息系统与计算机应用的区别。

表1-2　管理信息系统和计算机应用的区别

计算机应用	管理信息系统	计算机应用	管理信息系统
必须有计算机	不一定有计算机	主要内容为软硬件	主要内容为信息
是个技术系统	是个社会—技术系统	由专家队伍建造	管理系统队伍建造

(5) 它是一个需要与先进的管理方法和手段相结合的信息系统。人们在信息系统应用的实践中发现,只简单地采用计算机技术提高处理速度,而不采用先进的管理方法,信息系统的应用则仅仅是用计算机系统仿真原手工管理系统,充其量只是减轻了管理人员的劳动,其作用发挥得十分有限。装备管理信息系统要发挥其在管理中的作用,就必须与先进的管理手段和方法结合起来,在开发装备管理信息系统时,融进现代化的管理思想和方法。

1.2.2　装备管理信息系统的体系结构

1. 总体概念结构

建设装备管理信息系统的目的是实现信息的系统整体管理,对各类信息进行系统综合处理,并辅助各级管理人员进行管理决策。装备管理信息系统的总体概念结构如图1-4所示。

从图1-4可以看出,装备管理信息系统是一个包括人和计算机的一体化或集成系统。因此,装备管理信息系统建设要从总体出发,全面考虑,保证车务、维修、器材、训练等各业务部门共享数据,减少数据的冗余度,保证数据的兼容性和一致性。严格地说,信息只有集中统一,才能真正成为资源。当然,数据的一体化并不限制个别功能子系统可以保存自己的专用数据。为保证一体化,首先要有一个全局的系统计划,每一个小系统的实现均要在这个总体计划的指导下进行。其次,是通过标准、大纲和手续达到系统一体化,这样数据和程序就可以满足多个用户的要求。

具有集中统一规划的数据库是管理信息系统成熟的重要标志,它象征着管

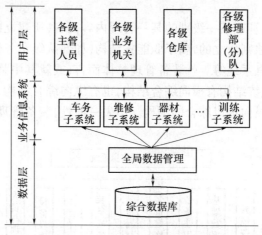

图 1-4　总体概念结构图

理信息系统是经过周密设计而建立的,它标志着信息已集中成为资源,为各种用户所共享。数据库有自己功能完善的数据库管理系统,管理着数据的组织、数据的输入、数据的存取,使数据为多种用户服务。

2. 管理层次结构

一般而言,我们可以把装备管理划分为战略级、战役级、战术级。战略级属于决策层,战役级属于计划控制层,战术级属于执行层。相对应地,装备管理信息系统就可以划分为如图 1-5 所示的层次结构。

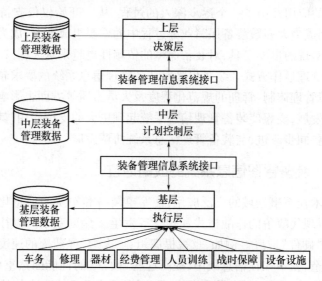

图 1-5　装备管理信息系统管理层次结构

15

3. 功能结构

目前,就装备管理某一级别的某一管理内容而言,所建立的管理信息系统,是按照职能结构原则建立的,属于职能式结构,如部队级车务管理信息系统,部队级器材管理信息系统等。就装备管理整体而言,或就其中某一项管理内容而言,其管理信息系统结构有横向综合结构,也有纵向综合结构,是一种把所管理的数据按横向和纵向加以综合的结构。不失一般性,装备管理信息系统功能结构如图1-6所示。

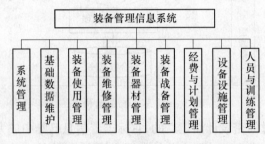

图1-6 装备管理信息系统功能结构图

1.3 装备管理信息系统的战略地位及影响

装备管理信息系统与装备保障之间是相互影响、相互制约的关系。装备管理信息系统的应用经历了一个逐步深入的过程,从一开始仅仅支持事务数据的简单处理,到成为大多数装备保障业务过程中的重要组成部分,成为支持装备保障战略目标实现的重要工具,对装备保障的依赖性也越来越大,并在一定程度上改变了装备管理运作方式。装备保障对装备管理信息系统的要求越来越高。同时,装备保障管理体制、管理的规范化程度及人员素质等方面也影响着装备管理信息系统的发展,要想使装备管理信息系统起到更大的支持作用,其他相关联的诸多因素就要同步改进,与装备管理信息系统协调发展。

1.3.1 装备管理信息系统的战略地位

信息技术在军事领域的广泛应用,使军事装备和军队的信息化程度大幅度提高,也使得现代战争的作战样式和理念等发生了深刻变革。以往人们对待战争还立足于"硬件"取胜。例如,重视提高坦克、火炮、弹药等的速度、射程、杀伤力等性能改造,孰不知在信息战中,提高这些"硬件"的性能固然重要,但是包括情报支援系统、电子战系统、装备保障系统等"软件"系统为主构成的信息战系统,对敌实施"软"打击所产生的效果要成倍地大于"硬"摧毁的作用,几乎彻底改变了机械化战争的面貌,逐渐向信息化战争转变。信息化战争主要是确立信息制胜的观念:以信息制约能量,以信息配置资源,以信息沟通指挥,以信息网络化来筹建战场,以信息来武装部队,以信息战争的要求来制定战略战术等。

战争形态牵引装备保障形态的发展,信息化战争必将引发装备保障一系列变革,呈现出许多新的特点。例如,信息保障成为装备保障的核心内容,保障任务更加艰巨,保障方式逐渐呈现出网络一体化、全维全谱、超越直达、可视全控等多种保障方式,保障效果更加精确,保障空间更为扩展等。

这些新特点,对装备保障信息化提出了更高的新要求,总起来说包括以下几个方面:

(1)要求主动保障。通过利用信息技术,实现保障力量的可视化,并根据精确预测的作战部队的需求,采取从起点直达战斗部队的"配送式"保障方式。使保障工作由被动变主动,以有效管理的动态物资流取代固定的库存物资,以物资的速度取代物资数量,或者说是以配送"管道"代替了仓库,从而确保被保障部队适时、适地、适量地得到所需要的装备保障资源。

(2)要求实时保障。信息化战争留给保障工作的时间越来越短,甚至可以说保障准备时间将趋向于零,定下保障决心与保障进程几乎同步进行。战前,能够快速制定出完善的保障计划,组织实施大量的装备保障工作;战中,能够随时了解作战情况,及时调整相应的保障方案。这就要求建立反应灵敏的保障系统,从以往保持大量库存转到提高反应能力上。

(3)要求精确保障。改变以大量物资资源的消耗为主导的"粗放式"保障模式,实现精确保障模式。精确体现在对保障资源信息的精确掌握、对保障资源的精确投送和对保障力量的精确运用,从而实施"从工厂到散兵坑"的精确保障,极大地提高保障的效率和效益。

所有这些保障要求都建立在对大量装备保障信息精确掌握的基础之上,建立综合数据库,利用网络技术,通过集成化的信息系统才能实现。具体地,要通过网络化的信息系统,将各类保障信息统一管理起来,包括物资、人员、装备和补给品的情况,以及物资的存储位置和在运状况;这些信息的传递不再是根据部队提出的保障需求,逐级上报、呈转,而是借助网络化的信息系统,分队乃至单兵、单个平台的保障需求可直接传送到有决策权力和执行能力的保障部门;对信息资源的掌握,还可通过与 GIS 的结合,建立保障资源可视化信息系统,进一步实现对军队和地方全部保障资源信息的可视,使指挥员掌握装备器材、补给品和人员的流动情况,灵活地将装备保障物资从生产工厂、战略战役后方基地,越过中间各个环节,直接供应到需求者手中;另外,想要随时了解战斗部队的需求,可通过智能化的信息系统进行反复试算、数据分析、计划优化等,来实时预测保障任务量,制定保障方案。

综上所述,集成的网络化的信息系统能将传统的分散的信息资源统一管理起来,使整个装备保障体系中条条和块块实现前所未有的紧密衔接,使得装备保障系统中各组成部分形成一体化。只有这样,才能使得着眼全局的整体谋划,在战役战术层得到真正贯彻运用,实现装备保障的统一计划、统一指挥、统一调控。也只有在网络化集成化的信息系统平台上,才能够真正建立起全军装备保障资源的"可视化",实现主动、实时、精确保障。

因此,利用信息技术,开发信息资源,是装备保障信息化建设的核心内容,在装备保障信息化建设中具有重要的战略意义。

1.3.2 装备管理信息系统对装备管理的影响

装备管理信息系统应用之后,虽然装备管理的对象还是人、财、物和组织行为,但是管理的模式和方法发生了变化,所以装备管理战略、组织架构、业务流程和管理制度等都要进行调整,以符合信息化条件下装备管理的特点和要求。

1. 对装备管理组织结构的影响

管理组织是管理目标实现的重要手段,与管理信息系统有着密切的关系。当组织的结构较简单时,信息系统只是作为一种伴随物存在,组织的形式支配着信息系统的形式。当组织结构变得复杂时,信息系统成为组织的依赖对象,对信息与信息系统的依赖性也越来越大,组织结构就可能在信息系统的支持下做一些调整,以适应信息系统的更好发展。

装备管理组织结构是典型的层级结构,层级结构也是近现代以来主要的组织结构形式。它的核心特征是标准化,以职能部门划分工作任务,实行纵向的集权式决策,如图 1-7 所示。这种组织结构的优势在于它能够高效地进行标准化活动操作,其不足在于容易走向僵化,由于职能部门的权力过大和直线组织的分段引起任务的分割,每个功能似乎均有人负责,但无人对整个任务或整个任务的过程负责。另外,这种组织结构管理层级过多,容易导致信息传递的缓慢。

装备管理工作涉及司、政、后、装各机关,以及分管军械、装甲、工程、防化等装备保障部门。矩阵式组织结构加强了任务过程的负责制,在信息系统的支持下,为一体化作战以及联合保障提供了理论及实践的依据。矩阵式结构的一维是职能部门,另一维是任务。矩阵式结构将这两者融合在一起,分别安排管理机制,并使二者形成纵横交叉,如图 1-8 所示。矩阵结构下的成员不但要与其所在的任务组保持任务工作上的联系,还要与车务、修理等职能部门保持垂直方向上的联系,同时接受职能部门领导和任务组领导的管理,因而其命令链是双重

18

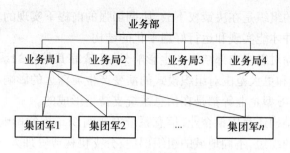

图1-7 层级结构

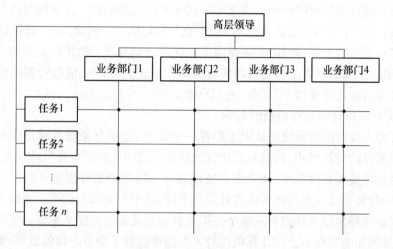

图1-8 矩阵式组织结构

的。这种结构的优势在于当组织的各种活动比较复杂,并且相互依存的情况下,它有助于各种活动的协调,有利于官僚僵化现象。双重权威可以避免组织成员只顾保护本部门利益而忽视组织的整体目标。不足之处在于它有时会产生混乱,但在信息技术条件下,电子化的沟通和控制手段有助于克服由于双重监督而带来的混乱。

组织结构的变化过程,是一个权力下放、决策下放和"压扁金字塔"的过程,这也是信息技术与信息系统应用逐步深入的结果。信息系统的应用为组织当中的各类管理人员提供了越来越多的内外部信息和各种管理决策功能,丰富的决策信息与灵活的决策功能使组织中的管理决策工作不再局限于少数专门人员或高层人员。这种趋势导致了组织中决策权力向下层转移并逐步分散化。另外,随着信息技术的发展,管理的幅度可以扩大,过去一个"头"最合适的下属数只有7个~8个,否则很难领导深入。现在可以扩充到30个,因而组织呈现了扁平化的趋势,也就是组织结构由原来立式的集权结构向卧式的扁平化分权结构发展。扁平化的组织是在决策权下放、协调加强的前提下实现的。反之,只有组织具有这种条件才能实现和运行好扁平化的结构。

信息系统除对组织内部结构产生影响外,还依靠其信息的系统性集成与交流,在更高层面和更大范围对组织模式的演变产生着深远的影响和促成的作用,如虚拟企业、学习型企业等都是在信息系统支持下形成的。

无论矩阵结构还是虚拟企业,信息系统对于组织结构的影响都反映在上下之间联络通路的缩短,不同地域的组织部门、分支机构或管理人员决策权力和能力的加强。

我军现行装备保障组织结构基本上属于官僚层级结构。随着网络的发展与信息系统的广泛应用,也正在朝向"扁平化"方向发展。例如,很多理论研究提出要缩短保障链条等;再如,装备保障信息化建设本身就类似矩阵式结构中的任务维,信息系统的发展必然要求在装备保障领域建立专门的信息管理机构来对装备保障信息化建设这个"任务"专门负责。

2. 对装备管理运行机制的影响

有的人在对信息系统的认识上存在一个误区,把信息系统看成是现有业务工作和流程的计算机化,信息系统建设就是建立面向功能的事务处理系统,开发的目的就是提高管理效率、降低事务处理成本。以这种指导思想开展信息系统建设,经常会导致信息系统实施后效果并不好,甚至不如以前的手工系统。其主要原因是这种实施方法没有从整个组织业务流程优化的角度来配置和实施信息系统,虽然在个别环节上用计算机代替人工操作提高了事务工作的效率,实现了局部功能的优化,但是不合理的流程和缺乏系统集成使得整体业务流程的效率并没有得到提高。这些问题反映出局部优化并不代表整体优化的基本原理,在流程没有合理化的情况下,提高某些环节的计算机应用水平和事务处理效率,可能会"将糟糕的事情做的更快"。在装备保障信息化建设初期,由于经验不足和缺乏有效的指导思想和方法,上述状况常常出现。

由此可见,当信息系统应用到一定程度,组织已不再满足于原管理过程上的处理速度提高及信息流转加快等要求时,就需要对现行的管理机制进行改革,其中也包括组织中业务流程的重新设计,这就是"业务流程重组"(Business Process Reengineering,BPR)的起因与基本思想。

因此,信息系统除了对组织管理的效率与质量的提高、成本的降低具有显而易见的作用外,实际上还有更深层次的促使组织运作方式和管理过程的变革等作用,这些作用是通过遵循信息的规律,采用全新的信息资源开发与利用方式,集成与共享信息,安排合理的信息流转路径来实现的,其中尤为重要的是信息的统一和共享,舍去了繁琐的反复核对和重复业务环节。

装备管理信息系统建设同样会遇到类似企业的业务流程重组问题。例如，原装备器材保障采用的是"纵向一体化"的逐级供应模式，在器材保障需求不断增大，要求保障效率不断提高的情况下，该模式越来越显示出缺乏灵活高效的反应能力。随着网络技术和信息系统的广泛深入应用，使器材保障资源共享成为可能，因此，可通过建立全军器材筹措决策支持中心，运行该中心的器材资源综合数据库，就可以实现各级机关和仓库之间的信息交互。这样在器材保障供应模式上就可以变"串行"的保障模式为"并行"模式，综合全军范围内的器材信息，全盘提供供应信息，实现全军范围内器材的优化配置。

同时还要注意，军队业务流程的改变，尤其是涉及到编制体制变化等问题，对于军队是大事，不是轻而易举改变的了的。因此，装备管理信息系统建设的特点是尽量让系统适应业务流程，尽可能不改变流程。当然，必须改变的，需要经有关部门批准后方可进行。

1.4 装备管理现状对装备管理信息系统的影响

1.4.1 现行装备管理体制对装备管理信息系统的影响

目前，装备管理体制整体上是促进装备管理信息系统建设的，但也存在着制约装备管理信息系统发展的因素，突出表现为：职能制的管理体制，造成条块分割，各部门信息不通，业务不易整合。建设信息系统时，不按照统一的规范，各自为政，重复建设，使得建成的信息系统多成为"信息孤岛"：相同的信息要在不同系统间重复录入，造成数据不一致；系统平台和软件工具平台不统一，数据沟通困难、兼容性差。另外，目前的管理体制下，缺乏一个自上而下的专门的信息资源管理机构，对装备管理信息系统的整体规划、分步建设负责，对信息资源的采集、统计、分析、研究处理负责，对信息系统建设的基础性研究工作负责，对信息系统的日常运行维护负责等。这与建设共享的、集成的装备管理信息系统发展方向不相适应。

虽然按照信息化理论，信息化建设应该首先完成管理理念和管理体制的调整，但军队信息化建设必须结合军队的实际情况，对信息化系统进行充分的试验验证，才能逐步调整管理的体系结构，实现信息化。因此装备保障信息化建设应首先实现管理的信息化，以效率的提高促进认识的提高，进而逐步建立信息化机制，实现管理体制的优化。

1.4.2　装备管理规范化对装备管理信息系统的影响

为了建立装备管理信息系统,在装备管理组织中首先应该有一定的规范化管理机制。管理的规范化程度受组织规模的影响较为明显。大组织中管理要求较高,机构较为完备,管理活动也较为规范;小组织的管理往往集中在高层领导手中,各部门之间缺乏制度化的联系,领导决策有很大的主观性、随意性。管理信息系统是对一个组织管理的全过程进行管理的人机系统,自动化程度高。它的成功开发与应用必须以规范的管理模式为基础。很难想象,在一个管理混乱,毫无规章制度,毫无现代管理意识的组织内,如何去采集信息、分出信息流程,如何去应用计算机进行管理。

因而在装备管理信息系统开发之前,就必须对不规范的装备管理过程进行规范化,对于小的基层部队尤为如此。具体地,就是要特别注意通过组织内部的机制改革,明确组织管理的模式,做到管理工作程序化,管理业务标准化,报表文件统一化和数据资料的完整化与代码化。

可以说,把开发应用管理信息系统作为规范管理、提高效益的契机,比系统开发本身更具意义。

1.4.3　人的因素对装备管理信息系统的影响

管理信息系统作为计算机为基础的人—机系统,人的因素是非常重要的。管理信息系统发展到今天,除了技术进步带来的巨大促进之外,人的问题则是其成败的关键。

人的问题反映为两个队伍的建设,一个是用户,另一个是系统开发的队伍。其中,用户又可细分为领导和系统使用人员。下面分别分析他们对装备管理信息系统的影响。

1. 领导

管理信息系统的建设讲究"一把手负责制"。原因在于管理信息系统的开发需要协调各部门业务工作,安排各种跨部门活动,非一把手负责不可。目前军队管理信息系统开发组织中存在的主要问题就是缺乏领导的参与,一方面是因为工作繁忙,另一方面是思想认识不到位,以为信息系统开发就是业务人员和技术人员的事情。因此对信息系统的开发大多只是提出总体目标,对于具体的组织工作,则交由相关业务人员实施。而业务人员往往由于职责所限,对于一些跨部门或棘手的事情,难以进行有效的协调。

另外,虽然建立装备管理信息系统的必要性目前已被广大的管理人员所接受,但对于建设管理信息系统所带来的效益还缺乏正确的认识。有部分人把建立管理信息系统看成是赶时髦,充门面的事,或者是为了应付首长检查,因而不花力气,不做研究,钱花了,但不打算真正去用,或者由于各种困难而流于形式或半途而废。另一种人则是另一种极端,只追求看得见的效益,而忽视管理规范化、人员素质提高等软效益。装备管理信息系统一方面能够直接支持如器材供应计划控制、库存最佳效益控制等功能,产生直接效益,另一方面系统建立后会辐射到组织管理和提高管理人员素质等各方面,产生间接效益,如使管理体制趋于合理、管理手段现代化、提高管理方法效率,促进管理标准化以及引起管理劳动性质的变化等。并且,这些间接的效益是获得长远直接效益的基础。

2. 系统使用和管理人员

系统使用和管理人员指系统转换后从事系统日常使用、管理与维护工作的技术人员和管理人员。经验说明,一个系统开发完成之后,如果没有从操作人员到系统管理员的熟练技术和坚持不懈的努力,再好的系统也会半途而废,导致最终的失败。

目前使用和管理人员中存在的主要问题:一是由于他们对信息系统不甚了解,往往抱有不切实际的幻想,一旦信息系统没有达到他们所认为的理想状态,就会产生信息技术不过如此的想法,从而产生抵触情绪。二是信息系统的引入改变了他们固有的工作习惯,会觉得不舒服,至少在一段时间内觉得格格不入,对信息系统持怀疑态度。特别是有的人担心采用信息系统后会威胁到他的权力以至于他个人利益,因此采取消极、冷漠,甚至抵制的态度。三是使用人员的素质不满足要求。例如在中修机构里,有计算机专业毕业的军官,也有初中毕业的士兵,虽然这些管理人员和维修人员长期从事维修工作,对于维修业务一般都能很好地掌握。但让他们同样面对信息技术的挑战,有一部分人就很难胜任。有的战士从来就没有接触过计算机,让他们直接操作系统,存在很大的困难。

近年来,各级部队在培养使用人才方面也做了大量的工作,收到了一定的成效。可以说,没有人才的教育和培养,就没有这些年来各级信息系统建设的成果。但是,在使用和管理人员的教育和培养方面仍存在着许多误区。

(1)个别单位存在对信息人才重使用,轻培养的现象。随着我军信息化建设水平的提高,各级装备部或者上一级单位相继构建了本单位的局域网,设立了网管中心,并安排专人进行日常管理和维护。这些人员在本单位往往被称为信息人才、计算机专家,从首长到机关都对他们抱有很大的期望。其实,这些信息人才都是从各科室临时抽调组成的,事先大多都没有经过正规的培训,有的对计算机网络知识也是一知半解。但是,他们都被戴上了"精英"的帽子,全单位大多数官兵可能都认为他们"无所不能"是应该的,很少有人会想到他们其实承受着很大的工作压力,也需要在适当的时候去"充电"。有的单位领导只有在网络不通的时候,才会想到信息人才的重要性。

（2）有的单位重视对信息专业人才的培养,忽视对广大信息使用人员的信息化教育。其实这是一个很大的误区。一个单位信息化建设水平的提高,不光是信息专业人才的事情,更重要的是信息使用人员的事情。因为,使用信息人员毫无疑问是占了绝大多数。一个系统的成败,往往取决于信息使用人员的满意程度。一个再完善的信息系统,如果使用人员的素质跟不上,它的价值就要大打折扣。

（3）对不同层次、不同需要的人员的培训搞"一刀切"。有的单位用"大炼钢铁"的方式搞培训,不惜重金从地方院校请来计算机专业的教师,要求官兵集中上大课,从 Word 到 Oracle 逐一讲解。在实施过程中,一味地强调"到课率",根本不考虑"吃不饱"或者"吃不了"的问题。这样的集训只会引起官兵对信息技术的反感。

（4）对信息人才的培养,重视了技术,忽视专业知识的学习。搞好信息化建设需要的是既懂技术,又懂专业的信息人才。对从事装备维修工作的官兵来说,懂技术应该是他们的一个优势。但是许多官兵对学习 IT 技术充满热情,而对所从事的专业没有太多的兴趣,得过且过即可。首长机关对他们的培养有时也存在一定的偏差,一味强调网络的畅通,信息系统的正常运转。有的干部自从调入网管中心帮助工作以后,就不再从事原来的专业。甚至有的战士只要打字速度比较快,就从此担负起打字员的工作,彻底与原来的专业脱离。这样,用不了多长时间,不但自己的专业日渐生疏,计算机水平由于与原专业脱离,路子越走越窄,反而变成一个没有特长的人。

3. 系统开发人员

系统开发的人员是指从事系统分析,设计和计算机实现的技术人员及系统开发的组织管理人员。这些人员的技术水平和负责精神对系统的建立起决定性的作用。目前在各类装备管理信息系统的建设过程中,经常遇到的一个问题是用户的应用需求和信息系统的开发实施脱节,结果造成信息系统开发人员认为系统已经建好了,而用户则认为信息系统还没有建成,也就是说用户认为开发人员提供的信息系统不能够满足他们的需求,不是他们想要的信息系统。造成上述问题的主观因素是:软件工作者对装备管理各项业务管理流程不十分了解,或者思想上不够重视,不愿意铺下身子进行调研,往往是想当然地或是依靠开发其他项目的经验,最终导致需求分析的结果不能够正确反映实际系统的需求。造成应用需求和信息系统开发实施脱节的客观因素是:缺乏一体化信息系统设计实施方法和工具。虽然经过几十年的研究,软件工程的思想和方法已经有了长足的发展,但至今为止,还没有一套行之有效的方法能够实现从业务需求模型、软件系统需求模型、软件系统设计模型到软件系统实施之间的无缝连接,不同阶段模型之间的映射与转换都存在误差,最终导致用户需求和开发完成的信息系统之间的差别。

1.5 装备管理信息系统建设趋势

1.5.1 美军后勤保障信息系统建设

近年来,美军加大保障信息化投资力度,更新和完善后勤保障方面的信息系统建设,加强军方与研制生产方之间、军方各级部门之间、使用部门与保障部门之间的信息传递,加强后勤保障的信息管理,为部队形成战斗力提供信息保障。

1. 美军后勤保障信息系统

美军后勤保障信息系统分三个层次,最下层是部队的保障信息收集系统,该系统负责汇集基层级的基础数据;中层是军种一级的管理信息系统,具体由业务部门管理;最上层是国防部的管理信息系统,主要接收各军种上报的信息,供领导机关使用。美军已经开发成功并投入使用的保障信息系统主要有以下几个部分:

(1) 全球作战保障系统。"全球作战保障系统"于1996年开始开发,充分集成了民间和政府已经拥有的各种模块化保障管理设备和技术,使用了各种基于网络的应用程序、联合决策支持工具,以及最新发展的信息技术。全球作战保障系统由许多模块组成,这些模块共享一个数据库。目前,美国国防部已经在多个战区内部署了基本型的"全球作战保障系统"。

(2) 陆军保障指挥主控系统。该系统是美陆军在1997年4月完成研制的,由一套后勤指挥子系统和商业工作站组成,经过使用改进后,其主要功能被移植到基于万维网的决策支持工具和全球作战保障系统环境下,从而大大增强了联合作战、协同规划的保障指挥能力。该系统中与备件供应相关的有保障数据库管理信息子系统、战时保障需求自动生成子系统、战时快速采办子系统、精确靠前连续补给子系统等。

(3) 库存控制点自动化信息系统。各级库存控制点的物资管理员使用"库存控制点自动化信息系统"管理备件的储备规模,从而尽量避免不必要的采购。该系统可提供以下类型的信息,包括现有大宗和零星资产的位置和状态代码;已采购的大宗资产及其预定的交货日期;正在修理中的可修复备件以及预定的修理完成日期;各级备件供应机构的请领指标和留置限额。

(4) 在运物资可视性系统。该系统于1995年开通使用,可对备件从运输起点(仓库或供货商)到终点的全过程进行跟踪,提供备件在运输途中的位置信息。该系统包括两个分系统,即特定物品查询系统和途中物资机动跟踪系统。特定物品查询系统用于解决部队部署初期对特定备件的紧急查询问题。运输途中物资机动跟踪系统由射频卡、车载微机、射频卡阅读器、无线电收发机和全球定位接收器组成,可全面提供备件在运输途中的可视性。

(5) 陆军全资可视系统。该系统可登陆标准陆军零售补给系统、陆军战争储备部署系统等各种信息系统,汇总并提供陆军全部备件的信息和其他保障数据,包括各级部队的备件核定数据、备件拨发基数、备件采购和库存信息、备件分发优先权和编目数据等,并以完全透明的方式提供给用户。

(6) 运输供应系统。该系统由一个大型数据库和多个子系统组成。该系统中与备件供应有关的子系统包括精确定位后勤运输子系统、后勤供应线和物资的全程可视化子系统、物资识别与说明子系统、运输工具和运载量分配子系统等。该系统可对运输工具和货运状态进行实时监控,并通过网络系统进行访问、控制、处理,使运输过程全程透明。

(7) 运输协调员自动化运输信息管理系统Ⅱ。该系统是向各级部队提供物资(包括维修备件)运输信息的一种全资可视化系统,用于帮助调运协调员在军事行动的所有阶段规划和实施调运工作。

(8) 陆军装备司令部标准系统。"陆军装备司令部标准系统"是陆军装备司令部各业务部门共同使用的大型管理信息系统,处理的业务包括装备管理的各个方面,包括备件的初始供应、分类编目、采购生产、补给管理、维修等。该系统建有统一的数据库,收录有各种维修零件的消耗信息,以及各级部队的备件需求数据。此外,该系统还与其他系统连网,具有一定的实时处理能力。

2. 美军后勤保障信息化建设经验

1) 建立权威机构,强化组织领导

为进一步规范美军的信息化建设,加强对信息化工作的管理与指导,美国防部于1991年在原国防通信局的基础上,组建了国防信息系统局,并指定其作为唯一主管部门对美军国防信息基础设施、军队信息化建设实施统一领导。在总部一级,美军后勤信息化建设的最高主管领导是负责后勤与物资战备的副部长帮办,业务主管机构为后勤信息化委员会。在参联会后勤部,下设后勤信息融合处。在军种一级,各军种根据自身的特点与需求,分别设立了相应的领导和管理机构。美陆军的信息化建设由设在陆军参谋部下的首席信息官(并担任指挥、控制、通信与计算机信息系统局局长)负责,后勤的信息化建设由主管后勤的副参谋长牵头,在后勤副参谋长办公室下设有一个专业机构即后勤集成局,具体负责协调陆军后勤的信息化建设以及陆军后勤建设规划计划的制定。

2）搞好顶层设计，确保协调发展

为保证后勤信息化建设的顺利进行和协调发展，美军特别强调搞好顶层设计和各种后勤信息化发展规划、计划的制定。美军指导军队建设的纲领性文件包括"四年防务评估报告"、"2010 年联合构想"、"2020 年联合构想"、"国防部后勤战略计划"等。其中"四年防务评估报告"是制定全军性战略计划的依据。"2010 年联合构想"和"2020 年联合构想"则是美军 21 世纪部队建设的指导方针，"国防部后勤战略计划"对美军包括后勤信息化建设在内的军队后勤全面建设从宏观上进行了规划、计划。与此同时，各军种、国防部相关部门也都相应提出了各自发展构想、计划、规划。在信息技术应用方面，国防部制定有"综合信息管理战略计划"、"国防信息基础设施主计划"、"国防部信息技术管理战略计划"等。

3）采取渐进策略，加强综合集成

美军的后勤信息化建设采取循序渐进的发展方针，即先机关后部队，先行政管理部门后业务工作单位。由于美军实行分散式管理体制，先期系统基本都是各军种独自开发的，军种（部门）之间缺乏相应的联系，在不同部门间无法提供具有互操作性的信息，数据共享性差，同时还限制了同工业部门间的联系。为解决系统发展间存在的诸多问题，适应信息技术发展的需要，美军于 1989 年提出了"国防部综合信息管理计划"，强调应加强信息的综合管理，改进相关业务流程，合并和集成相同业务领域的自动化信息系统，采取标准化的数据项，以提高信息的共享能力。为加强软件系统的集成工作，美国防信息系统局于 1993 年 9月 1 日提出"系统集成战略"，在进行系统集成后，从 1991 年的 946 个减少到2000 年的 273 个。

4）统一技术体制，确保互连互通

美军强调，军队后勤信息化建设必须走一体化发展的道路，以满足 21 世纪联合作战的要求，使作战人员能够在任何时候、任何地点都能用数字化的信息系统，获取、交换和利用整个战场的态势信息，使指挥员、战斗员和后勤保障人员相互协调，发挥作战部队和武器系统的最大效能。美军认为，应把各军种烟囱式、不兼容的 C^4I 体系结构变成无缝隙的综合指挥、控制、通信、计算机、情报、监视和侦察（C^4ISR）环境，这样不仅可实现系统建设体系结构上的统一，而且有利于联合的、集成的 C^4ISR 环境的生成，有利于跨部门的类似需求的通用方法的开发，能改善指挥自动化系统各种能力之间的兼容性、互操作性和综合集成。美军在系统集成等战略计划中，都明确规定要采用统一的技术体系，以利于系统集成和信息的互操作性。

5）规范软件开发,完善技术标准

美军非常重视各类信息系统的兼容性,在后勤自动化应用软件和系统软件的研制、开发中强调统一标准、统一接口和统一内容,实现软件系统的标准化和系列化。

美陆军在 2002 年颁布的《美国陆军转型路线图》中指出,陆军将通过正在试验和训练的部队全面进行兼容性技术、标准化界面与组件的融合,实现 C⁴ISR 的完全整合,并将在其整个转型过程中研制开发统一标准的系统软件,以便在所有的陆军部队、联合部队和多国合作伙伴中,保持并改进互通性。目前,美陆军从总部到战区、军、师和分队,各级的后勤管理自动化软件配套齐全;后勤各专业勤务,如物资管理、运输管理、卫生管理、维修管理领域,都研制有系列化的自动化管理软件。美陆军后勤部门也已经开发了一系列标准系统软件。

6）利用外部资源,实现军民兼容

后勤信息化建设所需的硬件设备、软件技术以及通信、网络等都具有明显的军民通用性,为此,美军在后勤信息化建设过程中一直强调必须充分利用外部资源。例如,1999 年 1 月公布的"联合全资产可视性战略计划"附录 E 专门对"外部资源利用"问题进行了阐述,要求积极利用民间技术优势与技术力量进行资产可视性相关软件的开发或直接采用先进的民用设备。又如,美陆军器材部根据"批发级后勤现代化计划",通过合同采用外包的方式,将两项较为重要的批发级管理信息系统——"日用品管理标准系统"和"标准仓库系统"交由地方企业负责运行与维护。对于提供实时资产信息的自动识别技术来说,其绝大部分也都是直接采用民用先进技术及技术标准。

1.5.2　装备管理信息系统建设趋势

借鉴美军后勤保障信息系统建设经验,结合装备管理工作要求,装备管理信息系统建设趋势体现在以下几个方面。

1. 信息资源规范化、业务管理标准化,信息资源相互兼容

规范化、标准化工作是信息化建设的基础,是保持信息化建设持续发展和信息系统长久运行的保证。装备保障信息化的持续发展,各个信息系统的综合集成,信息数据的共享,离不开对信息管理资源的规范、信息化管理的标准化。因此,装备保障信息化发展,必须依据国家相应标准、遵循军队信息化建设标准与要求,围绕保障业务,规范信息资源,做好信息化标准建设工作,实现全部信息资源兼容。

2. 信息系统综合集成,信息共享,互连互通

网络化、集成化建设是装备保障信息化的必由之路,从先进国家信息化建设

经验看出,信息化离不开互连互通,离不开网络、通信等基础设施建设。因此,必须着力建设网络与通信基础设施与设备,尽快设法解决全军综合信息网接入以及数据安全传输等问题。此外,在我国目前现行体制下,信息系统综合集成是解决"信息孤岛"问题行之有效的办法。虽然,装备保障信息化建设前一阶段,已经在优化体系结构,实现综合集成方面取得了一定成效。但是,要想实现装备保障信息的完全共享,必须进一步掌握各级信息需求,按照标准化建设要求,进行综合集成,实现装备保障信息系统之间、系统与装备保障系统整体之间、系统与其他相关系统之间的信息融合与数据共享,构建"无缝型"装备保障综合信息平台。

3. 综合信息技术的创新研究与应用全面深化,信息化建设水平不断提高

信息综合技术创新应用是信息化建设的关键支撑。要进一步加强对装备保障信息采集、信息储存、信息处理、信息传输、信息决策等先进关键技术的研究,研究其应用领域、应用途径、应用方式、应用效果,进行试用、验证,尽快将成熟技术投入应用。要围绕保障可视化模式建设,加强数据库、地理信息系统、卫星定位系统、无线射频、无线传输技术应用研究,推广应用研究成果,尽快全面实现装备保障全维可视、全程可控,为"精确化"保障的实现提供先进的信息化手段。

4. 管理效益和决策能力依靠信息化建设成果得到提高

提高装备管理的效益和决策能力,实现"精确化"保障是装备保障信息化建设的最终目标。装备保障信息化首先要围绕这一目标进行认真、细致的建设,在业务管理信息化的基础上,注重信息分析、信息决策系统的建设。同时,建设的成果还要应用,才能发挥效益。装备保障各级部门要充分重视信息分析与决策系统的开发和成果的应用,尤其是领导要更加关注信息决策系统建设的进展,要注重将建设成果转化为效益。要围绕提高决策能力进行信息系统规划与建设,更要注重信息对决策的影响。要围绕决策目标,应用决策理论,建立适合的决策系统,为装备器材保障"精确化"决策服务。

5. 重视信息化人才的培养,提高信息化装备掌控能力

随着装备保障信息化建设的不断深入,信息化装备与设备将越来越多,越来越复杂。这样,对保障人才就提出了更高要求。因此,装备保障信息化建设要注重人才培养,要有计划、有重点地引进和培养一批能够应用信息化装备、使用信息化系统,具有综合信息掌控能力的专门人才,提高信息化应用能力。这是信息化建设的保证。

思 考 题

1. 装备管理的主要内容都有哪些?
2. 解释装备管理信息的类型和装备管理信息系统。
3. 什么是信息? 什么是数据? 简述信息和数据的区别和联系。
4. 管理信息系统是如何定义的?
5. 装备管理信息系统的主要特征是什么?
6. 解释装备管理信息系统的体系结构。
7. 分析装备管理信息系统与装备管理之间的关系。
8. 试举例说明结构化、半结构化和非结构化管理决策。
9. 从目前我国军队管理的情况来看,要建立管理信息系统应该从哪些方面去打好科学管理的基础?

第 2 章　装备管理信息系统的技术基础

2.1　计算机系统

2.1.1　计算机硬件技术

硬件是指组成计算机的物理设备,它们通常是电子的、机械的、磁性的或光的元器件或装置。计算机硬件设备更新换代的速度极快,但是其基本结构与原理变化却不大。计算机的主要部件由中央处理器(Central Processing Unit,CPU)、主存储器(Primary Storage)、各种输入/输出(I/O)设备及总线(Bus)组成,如图 2-1 所示。

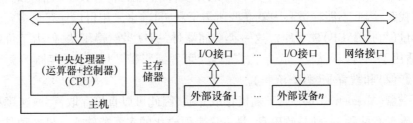

图 2-1　计算机硬件系统结构图

CPU 负责解释并执行指令,协调系统中其他元器件共同工作。主存储器用于暂存执行过程中的软件或参加运算的数据,而那些暂时不参加运算的数据存储在辅存储器中。总线完成上述功能器件之间的数据传送、地址传送及控制指令的传送。反映计算机能力的两个主要指标是时间与容量,主要由 CPU 与主存储器决定。

1. 中央处理器(CPU)

CPU 是计算机系统的最主要的部件,它在很大程度上决定了计算机的性能和价格。今天 CPU 的主要制造商包括 Intel(Celeron 和 Pentium 系列)和 AMD(Athlon 系列)。目前 CPU 的速度以千兆赫(GHz)为单位,速度越高,意味着处理速度越快,处理能力越强。

2. 主存储器

主存储器也称作内存或一级存储器，其功能主要是存放当前运行的程序及执行程序所需的资料。计算机应用程序调用的大部分信息都存储在辅助存储器中，而不是存放在主存储器中，CPU 为了操作这些程序和资料，必须先将它们调入到主存储器里。因此，在程序执行中，数据要频繁地写入主存储器或从主存储器中读出。

主存储器的容量是决定计算机处理速度和处理能力的重要指标。早期的微机通常有 640KB 内存，而现在的微机主存储器容量已达到吉字节（GB）的级别。

主存储器的发展趋势是利用更小的微电子线路向高速大容量能力发展。

3. 辅助存储器

辅助存储器也称作外存或二级存储器，它在关机时不会丢失信息。这种存储器依赖机械运动，因而速度低于主存储器，其最大优点是单位存储容量的价格便宜。

辅助存储技术主要的有磁带、磁盘、光盘和存储网络。其发展趋势是利用磁和光介质，向海量存储能力发展。

磁带（Magnetic Tape）属于顺序存取介质，即在磁带上查找某项信息时，必须从头找起，因此不能在数秒内就获取所需资料，目前多采用可以保存更多资料的大容量（可达 35GB）磁带匣。这一类存储器件，速度虽然慢了些，但由于价格便宜，适用于银行（存储账务记录）、广播业（可置换影带）、医疗业（存储 X 射线及医疗影像）和教育业（教育资料）。

磁盘（Magnetic Disk）属于随机存取介质，因此可以直接存取，存取速度相当快。磁盘有两种，一种是软磁盘，是一片表面磁化的多元酯软片。另一种是硬磁盘，目前一般是由 11 片双面浮着铁氧化物的薄钢盘组成的磁盘组，数据存储在同心圆组成的磁道上，信息通过磁读写头来录入或读取。

闪存（Flash Memory），也称 U 盘，通过 USB 接口实现与主机的带电连接和断开（热插拔）。随着存储技术的不断发展，闪存逐渐向外形越来越小、存储容量越来越大的方向发展。由于它具有体积小、重量轻、速度快、使用方便、抗震、抗磁、不怕灰尘等诸多优点，逐渐成为现在主流的便携式存储器。

光盘（Optical Disk）是一种光学存储介质，它用激光在塑料圆盘存储、删除、更改信息。一张 4.75 英寸的 CD 光盘能装下 660MB 容量的信息。一张 DVD 光盘能够存储大约 4.7GB 的资料。光盘技术的发展使得用户可以把自己的数据写入光盘，以便长期保存或传递。可擦除光盘（Erasable Optical Disk）采用激光记录和擦除数据信息，但速度慢，无法跟可读/写的磁盘设备相比。

存储网络技术可以处理那些复杂的和成本迅速增长的存储需求。存储域网络(Storage Area Networks,SANs)将多个存储设备互连形成一个高速存储网络来进行存储。SAN 创造出一个大型的中央存储池,它的数据可以被多个服务器迅速地存取和共享。

4. 输入/输出(I/O)设备

使计算机从外部获得信息的设备为输入设备,把计算机处理信息的结果用人们能够识别的形式表现出来的设备为输出设备。它们通过各种 I/O 接口与计算机系统的中央处理器连接并通信。

1) 计算机键盘与显示终端

从技术上讲,任何通过通信连接到计算机的设备都可以称为终端。最普通最大量的用户与计算机的交互方式是采用键盘输入数据,用显示屏向用户显示输出。

在银行、工厂、销售业工作场所广泛使用的事物处理终端,用各种方法捕捉用户数据,并经过通信网络传送到主计算机系统,以处理这些数据,如银行的自动取款机(Automated Teller Machines,ATM),工厂的事物记录及销售业的 POS(Point - Of - Sale)终端。

目前,发展起来的智能终端自身就拥有处理器和存储线路。许多智能终端实际上就是微型计算机,往往作为大型计算机的通信终端,可以独立进行数据输入和信息处理业务,如已被广泛用于超市、饭店和装备信息收集、物品清点、收发过程中的 PDA。

2) 点触式设备(Pointing Devices)

点触式设备是另一种发布命令、进行决策和响应视频提示的较好的设备,这种设备通过移动光标可以让你方便进行菜单或目标选择,目前有鼠标(Mouse)、轨迹球(Trackball)、触碰板(Touch Pads)、电子游戏机中常用的操纵杆以及触摸感应屏幕等。

3) 计算机笔

终端用户可以使用类似于笔一样的设备直接在视频屏幕或其他类型的表面上写字、画画,计算机把它们数字化,作为计算机的输入显示在屏幕上。

光笔和绘画板技术的结合,应用于新一代的计算机笔,在计算机内装上可以数字化的手写体、印刷体、手工绘画等软件后,这种笔可以识别各种手工图形。现场工程师、绘图员等可以直接使用类似绘图板一样的液晶板,将数据输入计算机。

4) 音频、视频输入/输出设备

音频与视频可以作为输入,也可以作为输出。例如,来自电视机、录像机、摄像机的声音和影像都可以数字化,并压缩后存储在磁盘和光盘中。而存储在计算机中的音频与视频文件也可以通过计算机的软件和硬件显示输出。当然,对于音频、视频进行这样处理,通常需要增加一些软件、硬件的支持。

5)打印输出设备

计算机通常配置打印机输出计算机中的文档。打印机具有多种类型和规格,主要有针式打印机、激光打印机、喷墨打印机等,每种打印机具有自身特点,在实际中根据应用环境和输出要求等具体情况选用。绘图仪是一种可在纸上画图输出的专用设备,在工程设计、地理信息系统等专业领域中普遍采用。

6)光扫描设备

光扫描设备可以读文本和图形,并将它们进行转换,输入到计算机内。当前光扫描设备能阅读多种类型的印刷文档和图片,已应用于许多领域,如信用卡账务处理、自动分拣邮件、考试积分计算机等。装备管理中,已使用条码阅读器来获取装备上的条码信息。

2.1.2 计算机软件技术

1. 软件的概念与结构

计算机软件简称软件,是操作和使用计算机及其相关外设的各种程序的通称。没有计算机软件支持的硬件,仅仅是集成电路芯片、电路板和其他电子元器件的组合体,通常被称为"裸机",不能进行数据处理。

计算机软件分为系统软件和应用软件,系统软件直接对硬件资源,如中央处理器、存储器、通信连接设备及输入/输出设备进行控制和管理,使得它们可以协调工作。应用软件在系统软件所提供的环境中进行工作,最终用户主要使用应用软件。图2-2描述了计算机软件的主要类型。

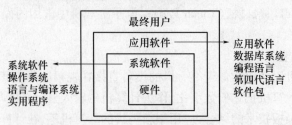

图2-2　计算机软件的主要类型

2. 操作系统

操作系统是计算机系统的主要管理者,可以使系统同时对多任务和多用户进行处理。PC上的软件是基于特定的操作系统和计算机硬件的,为某一类操作系统编写的软件通常不能在其他类型操作系统的机器上运行。目前,主要的PC

操作系统包括 Windows 系列操作系统(Windows 7、Windows XP、Windows Server 2003、Windows CE 等)、UNIX、Linux 以及 Macintosh 操作系统。

3. 常用的信息系统开发软件

有许多系统编程软件和数据库软件用于信息系统的开发,了解你要完成的系统需要哪一种合适的软件就非常必要了。选择何种软件进行信息系统的开发是与系统的规模、性能的要求、开发人员的知识结构等要素相关联的。

1)系统编程软件

表 2-1 列出了常用的可用于信息系统开发的编程软件。

表 2-1 常用的可用于信息系统开发的编程软件

编程软件	特　点
Visual Studio . NET	. NET 平台集成了 VB、C + +、C#、J#等开发工具,实现了跨语言开发。容易学习,开发效率较高,具有完善的帮助系统
Java	是独立于操作系统和处理器的面向对象编程语言。Java 允许用户使用网页浏览器在网络系统中操控数据,已成为主要的网页交互式编程工具
Delphi	是基于 VCL 库的可视化开发工具,在组件技术的支持、数据库支持、系统底层开发支持、网络开发支持、面向对象特性等各方面都有相当不错的表现,学习使用较为容易,开发效率高
PowerBuilder	可用于开发大型 MIS 及各类数据库跨平台应用。使用简单,容易学习,容易掌握,在代码执行效率上也有相当出色的表现,多媒体和网络功能与其他工具相比较弱

2)数据库软件

数据库软件的选择可以根据信息系统的规模、安全性要求等情况进行选择。表 2-2 比较了主要的数据库软件。

表 2-2 主要的数据库软件

数据库软件	特　点
ACCESS	有全中文的界面、提示和帮助。除了数据库功能外,它还具有强大的开发功能。适用于新手学习
VFP	可以作为单机或者小型网络应用的数据库。除了数据库功能外,还是一个专业数据库应用开发工具
MS SQL SERVER	中小型企业应用较多。最近几年 MS SQL SERVER 也在大力向大型应用渗透。其说明文档是中文的,各种类型的书籍资料也数不胜数
ORACLE	大型企业的应用较多。ORACLE 正变得越来越易用,向中小企业的应用渗透

数据库软件	特　　点
MYSQL	适用于小型应用。大多在 LINUX 下作为 WEB 数据库服务器,在非商业应用上免费
DB2	IBM 的数据库产品,功能很强大。多在银行、民航等大型企业中应用。DB2书籍不多见,学习难度相对较高

4. 软件包

当前,软件开发逐渐脱离由用户独立开发应用程序,而转由软件供应商提供用户需求的软件包。最成功的例子就是在微型计算机上使用的通用软件包,如字处理、电子表格软件等,由于一次开发多次使用,大大降低了软件成本,也减少了软件错误。

5. 企业集成软件

众多的单位或企业在信息化建设开始通常自己定制软件和选择软件平台,从而导致一个单位数种软件并存,各软件之间的数据却不能共享。一种解决方案是使用新的集成了多种业务过程的系统代替相互之间不能交流的旧系统。然而,并不是所有的单位都能够抛弃旧系统启用新的系统平台,因为原有的旧系统在单位的日常运作中发挥着重要的作用,贸然改变风险很大。另一种方案是使用中间件(Middleware)软件来构建不同系统的接口或桥梁,从而实现旧系统的集成。中间件连通了原本独立的信息系统,使它们能够互相交流并交换数据。现在,越来越多的单位或企业通过使用企业应用集成软件(Enterprise Application Integration,EAI)为各个不同的系统之间创建共同的平台,从而实现多个系统之间的数据交换,如图 2-3 所示。

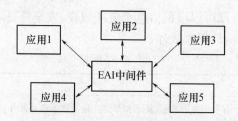

图 2-3　企业应用集成软件(EAI)连接不同应用系统示意图

2.2　计算机网络技术

计算机网络近年来获得了飞速的发展,已被用于工商业的各个方面,包括广告宣传、生产、发运、计划、报价、会计和办公自动化等。绝大多数公司拥有了网络,从中央到地方的各级政府也都在使用网络,管理信息系统(MIS)的应用也从原来的单机环境扩展到网络环境,许多企业在因特网(Internet)平台上建立了支持企业经营业务的内部网,跨越企业边界,建立了企业外联网(Extranet),将企业分布在世界各地的顾客、供应商、分销商、零售商联系在一起。而且通过一种特殊的安全软件——防火墙,阻止外部企业对企业内部网的非授权访问与侵犯,以保护内部网上的信息。

2.2.1　计算机网络定义及组成

计算机网络是用通信介质把分布在不同地理位置的计算机和其他网络设备连接起来,以功能完善的网络软件(包括网络通信协议、数据交换方式及网络操作系统)实现网络中资源共享和信息传递的系统。从其组成上看,计算机网络包含了计算机、网络设备、通信介质及网络软件四个部分。

1. 网络中的计算机

在网络中,计算机按其作用分为服务器(Server)和客户机(Client)两大类。

服务器是计算机网络中向其他计算机或网络设备提供某种服务的计算机,并按提供的服务被冠以不同的名称,如数据库服务器、邮件服务器、打印服务器、信息浏览服务器、文件下载服务器等。用做服务器的计算机从其硬件本身来讲除了处理能力较强之外并无本质区别,只是安装了相应的服务软件才具备了向其他计算机提供相应服务的功能,因此有时一台计算机可同时装有多种服务器软件而具有多种服务功能。

客户机是与服务器相对的一个概念。在计算机网络中享受其他计算机提供的某种服务的计算机就称为客户机。

2. 网络设备

1)网卡(Network Interface Card,NIC)

网卡也称网络适配器,用于将计算机接入网络,并提供信息进出通道。网卡一方面将发送给其他计算机的数据转变成可在网络线缆上传输的信号发送出去,另一方面又从网络线缆接收信号并把信号转换成在计算机内传输的数据。

2)集线器(HUB)

集线器具有多个连接端口,可以将多台计算机连接起来。它通过反复地将所有网络信号向网络中所有其他计算机转发的方式传送信息。正因为如此,在同一时间,集线器上的计算机只有一台能够发送信息。

3)交换机(Switch)

交换机同集线器一样,可以将多台计算机连接起来。但是它在传送信息的时候,是将网络中每台计算机发出的信息反复地转发给指定接收者,而非连接的所有计算机。通过交换机,多台计算机就可以同时进行不同的交流。

4）路由器（Router）

与集线器和交换器连接个人计算机不同,路由器将分散的计算机网络连接在一起。路由器是在大型网络的小型子网中传输网络信息的一种设备。

3. 通信介质

计算机网络采用的传输媒体可分为有线和无线两大类。双绞线、同轴电缆和光纤是常用的有线传输媒体,卫星通信、无线通信、红外通信、激光通信以及微波通信的信息载体都属于无线传输媒体。

1）双绞线

两根互相绝缘的导线,用规则的方法绞合起来就构成了双绞线,绞合可减少相邻导线的电磁干扰。双绞线是最常用的传输媒体,可以传输模拟信号,也可以传输数字信号。

2）同轴电缆

同轴电缆由内、外两个导体组成,内导体可以由单股或多股线组成,外导体一般由金属编织网组成,内、外导体之间有绝缘材料。由于外导体的屏蔽作用,同轴电缆具有很好的抗干扰性,被广泛用于传输较高速率的数据。目前主要用在有线电视网的居民小区中。

3）光纤

光纤是光导纤维的简称。它由能传导光波的玻璃纤维外加保护层构成。相对于金属导体来说重量轻,体积小。光纤的数据传输速度可达几吉比特每秒至几十吉比特每秒（Gb/s）,传输距离达几十千米。光纤通信具有损耗低,数据传输率高,抗电磁干扰等特点。

4）无线传输媒体

由于便携式计算机的出现以及在军事、野外等特殊场合下移动式通信连网的需要促进了数字化无线移动通信的发展。无线传输可使用的频段很广,微波通信通信主要使用2 ~40GHz 的频率范围。微波在空中沿直线传播,而地球表面是个曲面,因此其传播距离受到限制,其直接传播的距离与天线的高度有关,天线越高距离越远,但超越一定距离后就要用中继站来接力。卫星通信时微波通信的一种特殊形式——利用地球同步卫星作中继来转发微波信号。卫星通信可以克服地面微波通信距离的限制,一个同步卫星可以覆盖地球的1/3 以上表面,三个这样的卫星就可以覆盖地球上全部通信区域。红外通信和激光通信也是无线传输,可用于近距离设备之间的数据传输。

5）传输媒体的应用

光纤通信被视为"信息高速公路"的基石,美军陆、海、空和海军陆战队正在实施光纤研究和发展规划,且有的已经开始辅助应用。短波通信除了大量应用在战役、战术通信中,还将作为战略通信网的重要组成部分。微波接力通信是美国军队的主要通信手段之一,美国陆军的主要通信系统 MSE(移动用户设备)系统,其 42 个节点中心之间就是由接力通信组成的链路互连起来的。海湾战争中,美军的卫星通信首次在部队的指挥、控制、部署和职员等各个方面发挥了主要作用。其卫星通信系统承担了多国联军全部通信任务的 75% ~ 80%。此外美国国防制图局的地理信息系统通过在工作站上建立了地理信息系统与遥感的集成系统,能用自动影像匹配和自动目标识别技术处理卫星和高低空侦察机实时获取的战场数字影像,及时地(不超过 4h)将反映战场实况的图像叠加到数字地图上,直接送到海湾前线指挥部和五角大楼,为军事决策提供 24h 的实时服务。

4. 网络软件

在计算机网络中,计算机之间仅仅通过彼此的物理连接来发送和接收信号是不够的,因为在数据交换过程中,应有一套数据交换所必须遵循的规则,按照彼此认可的规则行事,才能顺利进行通信。这些在通信过程中必须遵循的规则就是通信协议。协议是网络通信中最重要的基础,各种厂商生产的不同型号的计算机、终端设备或其他网络通信设备,只有遵从相同的协议,才能彼此通信。OSI 可以被认为是一种理想的工业标准,TCP/IP 是事实上的标准。TCP/IP 协议独立于特定的计算机软硬件,可以运行在局域网、广域网和互联网上,具有统一的网络地址分配方案,可以提供多种可靠的用户服务。TCP/IP 协议成功地解决了不同硬件平台、不同网络产品和不同操作系统之间的兼容性问题。

2.2.2 计算机网络分类

1. 覆盖的地理范围分

计算机网络按照其覆盖的地理范围进行分类,可以分为以下几种:

(1)广域网(Wide Area Network,WAN)。也称为远程网,其作用范围通常为几十千米至几千千米,覆盖一个地区、国家甚至几个洲,形成国际性的远程网络。

(2)城域网(Metropolitan Area Network,MAN)。城域网的作用范围通常为 5km ~50km,覆盖几个街区甚至整个的城市。城域网可以为一个或几个单位所拥有,也可以是一种公用的设施,用来将多个局域网进行互连。

(3)局域网(Local Area Network,LAN)。局域网作用范围一般为几十米至几千米,覆盖某一幢楼、一个企业、一个学校等。局域网往往用于某一群体。

2. 按使用对象分

按使用对象,计算机网络可以分为以下几种:

(1) 公用网(Public Network)。指由电信公司(国有或私有)出资建造的大型网络。"公用"的意思就是所有愿意按电信公司的规定交纳费用的人都可以使用这种网络,因此公用网也可称为公众网。

(2) 专用网(Private Network)。指某个部门为本单位的特殊业务工作的需要而建立的网络,这种网络不向本单位以外的人提供服务。例如,军队、铁路、电力等系统均有本系统的专用网。

3. 按拓扑结构分

网络拓扑是从结构的角度来研究网络体系的。它将网络上的工作站点视为一个节点,通信信道视为一条线,整个网络系统变为一张平面图,用图论的方法进行研究。最常见的网络拓扑结构有:星型、总线型、环型及树型,如图2-4所示。星型结构的网络有一个中央节点,它与所有其他节点直接相连。星型结构的优点是建网容易、控制简单、成本较低、延时性较短;缺点是属于集中控制,对中心的依赖性大,一旦中心节点出故障,则导致整个网络系统瘫痪。在总线型结构中,所有的节点和工作站都连在一条公共的电缆线上。总线型结构的优点是使用的电缆线较少,容易安装,网络连接的成本较低;缺点在于由于总线是所有工作站共享的,一旦总线发生故障将会影响到所有用户,使整个网络瘫痪。在环型结构中,所有的计算机用公共传输电缆组成一个闭环。环型结构网络管理简单,通信线路节省,可靠性高,但环上节点增多时效率下降,负载能力较差。树型结构是上述结构的进一步拓展。

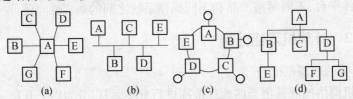

图2-4 网络拓扑结构

(a) 星型拓扑;(b) 总线拓扑;(c) 环型拓扑;(d) 树型拓扑。

除了这几种典型的结构之外,还有其他类型的一些拓扑结构,如网络型等。实际上,较少采用单一结构,根据需要往往采用一种混合型结构。选择拓扑结构时,应将网络应用方式、网络操作系统及现场环境结合起来考虑,并考虑布线费用、适应节点调整(增加、拆卸、移动)的灵活性以及网络可靠性等几个方面问题。

2.2.3　网络计算机运算方式

早期的集中式处理是依靠一台大型的计算机完成所有的任务,现在并不常见。目前大部分独立使用的计算机都已用于网络连接,采用将网络中的计算机连接在一起来处理问题的分布式处理。

分布式处理被广泛应用的运算方式是客户机/服务器(Client/Server,C/S)模式。C/S 模式将处理过程分成"客户机"和"服务器"两部分。客户机是从用户输入其所需功能的角度来说的,通常是台式计算机、工作站或便携式计算机。服务器为客户机提供服务,如存储和处理数据并执行用户不可见的后台功能。根据提供的服务不同,可称之为文件服务器、数据库服务器、打印服务器、专用服务器等。用户通过客户机在网络系统上向服务器提出服务请求,服务器根据请求向有关方面提供经过加工的信息。合理分配服务器和客户机的信息处理工作,可以大大减轻网上数据传送的负担,服务器上的资源也可得到更充分的利用。图 2-5 描述了一种简单的 C/S 模式的结构。

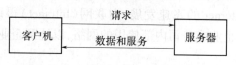

图 2-5　C/S 模式结构

现在有一种称为浏览器/Web 服务器(Browser/Web Server,B/S)的计算模式。B/S 计算模式实际是对 C/S 结构的一种变化和改进。在这种结构下,用户工作界面是通过 WWW 浏览器(Browser)来实现,主要的事务逻辑是在服务器端实现,网络中的工作会根据其类型在多个不同的服务器之间协同分配,从而形成多层次的 C/S 模式结构。B/S 计算模式的结构示意图如图 2-6 所示。

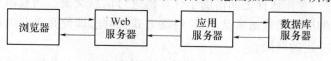

图 2-6　B/S 模式结构

例如,当用户提出服务请求时,Web 服务器将做出响应,将用户的请求转发到应用服务器,同时将请求的结果返回客户端。应用服务器软件根据需要访问数据库服务器、处理用户请求并处理和后台系统之间的应用操作。

B/S 结构的客户端统一采用浏览器,用户使用方便,客户机也不存在安装和维护的问题,软件的开发和维护工作仅需在服务器端完成。一般用于电子商务网站、大型公司企业网站、客户机是无盘工作站的多客户机系统。

2.2.4　Internet 与 Intranet

从网络通信技术的观点来看,Internet 是一个以 TCP/IP 通信协议连接各个国家、各个部门、各个机构计算机网络的数据通信网;从信息资源的观点来看,Internet 是一个集各个部门、各个领域、各种信息资源为一体的供网上用户共享的数据资源网。简单地说,Internet 是由位于世界各地的成千上万台计算机相互连接在一起形成的、可以相互通信的计算机网络系统,是当今最大的和最著名的国际性资源网络。

Internet 组网技术主要就是基于 TCP/IP 协议的网络互连技术,而 Internet 的应用技术主要指基于万维网(WWW)服务器和浏览器的应用技术。WWW 提供给用户一种非常直观的信息表示方式,帮助用户进行信息检索或者相互通信。它能把因特网上各种类型的信息(如文本、声音、静止图像、动态影像等)综合集成起来提供给用户。WWW 通过交互式的查询方式,提供简单的信息查询接口和直观统一的用户界面,受到了广大用户的欢迎。

近年来,随着 Internet 的飞速发展,内联网(Intranet)得以应用。Intranet 即企业内部互联网,是企业或公司内部使用的网络,以达到企业内部资源共享和信息快速传递的目的。

Intranet 是指与全球国际互联网络隔离开的一个较小的专用电子空间,以因特网技术,主要是万维网(WWW)技术为基础的企业内部信息交换平台。它既可以通过接入的方式成为因特网的一部分,也可以自成体系,实现企业内部的管理。简单地说,Intranet 就是建立在企业内部的 Internet。

在 Internet 产生之前,许多企业内部可能已经有了自己的网络,但是这种网络由于没有引入 Internet 技术,因此只能算作局域网。企业无法通过这种局域网与外界用户、合作伙伴之间借助于计算机进行信息交流。而且由于以前企业内部计算机的应用模式通常是主机/终端方式,因此,即使是企业内部的信息交流也会受到一定的局限。

为了取得进一步的发展,最大地发挥网络的效能,企业把目光投向了运用 Internet 的优秀机制,通过进入 Internet,并利用 Web 技术构造企业专用网——Intranet。这比传统的专用广域网便宜得多,而且使得企业与客户之间、企业内部人员之间、企业与合作伙伴之间很容易实现信息共享。

由于 Intranet 沿用了 Internet 的主要技术,所以它们的连接是十分自然的、容易的。又由于 Intranet 能够为企业提供一个广阔的信息发布和获取平台以及电子商贸手段,所以企业 Intranet 一般都应留有与 Internet 的接口,或直接与之相连。

Intranet 所具有的显著优势主要表现在以下几点：

（1）系统建立费用低。建立 Intranet 也许比我们想像的要容易。如果企业已经具有了传统的网络设施，几乎不需要重新投资。换句话说，Intranet 可以最大限度地保护企业过去的网络设施投资。

（2）通信费用少。同现有企业内部通信方式比，Intranet 的性价比是很有吸引力的。利用现有企业内部网络和 Internet 的公共通信设施，会使 Intranet 的通信费用投入相对非常低。

（3）可虚拟地运行在任何平台上。WWW 服务器软件采用的是公开的协议和技术标准，因而不局限于任何硬件平台或操作系统，企业原有的计算机都可能胜任。

（4）采用统一的浏览器界面。Intranet 如同 Internet 的 WWW 功能，在整个企业的系统中提供一个基于浏览器的一致窗口。能够熟练操作 Internet 的用户甚至不必进行专门的训练，即可独立操作 Intranet。

（5）开发周期短。Intranet 应用程序的开发比在传统网络上的应用程序开发来得容易，完全摆脱了为每一种客户机单独编程和为所有用户进行应用软件的升级的麻烦。

2.3 数据库技术

2.3.1 基本概念

1. 数据库(DataBase,DB)

在计算机中，位(bit)是最小的数据单位，只能存放一个二进制的"0"或"1"，字节(byte)是一组长度固定为 8 的二进制位的集合，一般一个字节可以存放一个字符(character)，字符是从用户角度来看的最基本的数据元素，它可以是一个简单的字母、数字或其他符号。一组相关字符构成字段(Field)，也称为属性(Attribute)，用于描述某一实体(Entity，可以是事物、人、地方或事件)的特征或性质。例如器材价格字段，用于描述器材的价格，由各个位上的数字组合构成。相关数据字段构成记录(Record)，一个记录就是描述一个实体的属性集。例如，器材价格这个实体具有器材代码、器材名称、规格型号、器材价格等字段。定长记录由固定数目的定长字段构成，而变长记录的字段数量和字段长度是可变的。一组相关记录的集合构成数据文件(file)或数据表，因此装备器材文件将包含一定范围内的所有器材的记录。我们经常根据文件的主要应用对其进行分类，如库存文件、仓库文件等。若干个数据文件的集合构成数据库，但又不是简简单单的文件的组合。严格地说,数据库是长期存储在计算机内的、有组织的、可共享的数据集合,数据库将原来彼此隔离的数据文件中的记录合并到一个公共的平台下,按一定得数据模型对数据进行组织、描述和存储,具有较小的冗余度、较高的数据独立性和扩展性,并可以向许多应用提供数据。数据库中的数据独立于它的应用程序,也独立于存储设备。

2. 数据库管理系统(DataBase Management System,DBMS)

数据库中数据的组织、存储、获取和维护等工作是由数据库管理系统完成的,数据库管理系统是位于用户与操作系统之间的一层数据管理软件。数据库管理系统使用户能够方便地定义和操纵数据,对数据进行组织、存储和管理,建立和维护数据库,并可保证数据的安全性、完整性、多用户的并发操作和发生故障后的系统恢复。

3. 数据库系统(DataBase System,DBS)

数据库系统是一个完整的、复杂的系统。它是指在计算机系统引入数据库后的系统。一般由数据库、数据库管理系统(及其开发工具)、应用系统、数据库管理员(DataBase Administrator,DBA)构成。

2.3.2 数据模型

从事物的特性到计算机中的数据表示,将经历三个阶段:现实世界、信息世界(概念世界)和计算机世界(数据世界),在不同的世界中使用的概念和术语是不同的,但它们在转换的过程中存在着对应关系,如图2-7所示。

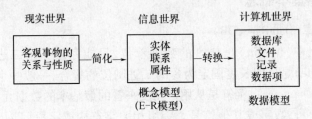

图2-7　三个不同的世界

现实世界是客观存在的事物及其相互联系,客观存在的事物分为对象和性质两个方面,同时对象之间存在着广泛的联系。

信息世界是现实世界在人们头脑中的反映。人们对现实世界经过一定的认识与简化,进入到信息世界,形成关于客观事物及其联系的模型,称为概念模型。在信息世界中,实体表示客观对象,属性表示对象的性质。

信息世界里的信息数字化后形成计算机世界里的数据,计算机世界是通过数据模型来描述的。实体的属性在计算机世界中用数据项描述,一个具有若干属性的具体的实体在计算机世界中用一条记录来描述。具有相同属性的实体的集合,如一类器材,本单位内的仓库,就构成了计算机世界中的一个个数据文件,如器材目录文件、仓库文件等。若干个实体以及实体集之间的相互联系,反映在计算机世界就形成了数据库。

2.3.2.1 概念模型

在信息世界中描述事物用的就是概念模型,这种信息结构即并不依赖于具体的计算机系统,也不依赖于某一个数据库管理系统的支持,它是一个概念级的模型,它的特点是:

(1)独立与计算机系统的模型,完全不涉及信息在计算机系统中的表示。

(2)用于建立信息世界的数据模型,是现实世界的第一层抽象。

(3)它强调易表达,概念清晰,易于用户理解,是用户与数据库设计人员交流的工具。

常用的概念模型的表示方法是实体——联系方法(Entity – Relationship Approach,E – R 图)。该方法用 E – R 图来表示。

E – R 图的组成元素有三个:实体、属性和联系。其中,实体用矩形表示,属性用椭圆形表示,联系用菱形表示。

如图 2 – 8 是一个简单的 E – R 图,表示了器材和仓库两个实体之间的多对多联系。

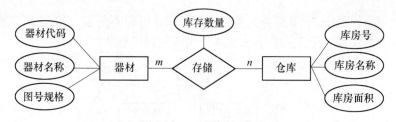

图 2 – 8　E – R 图示例

2.3.2.2 数据模型

数据模型是直接面向数据库的逻辑结构,是在计算机世界里面描述信息的一种模型,它是现实世界的第二层抽象,它涉及到计算机系统和数据库管理系统。

在数据库的发展史上,最有影响的数据模型有三种:层次模型(Hierarchical Model)、网状模型(Network Model)和关系模型(Relational Model)。

1. 层次模型

层次模型的数据结构是一种树形结构,它把客观问题抽象为一个严格的自上而下的层次关系。这里,这样描述层次模型:有且仅有一个节点无父节点,此节点即为根节点;除根节点外,所有节点有且仅有一个父节点。层次模型具有层次分明、结构清晰的优点,它适用于描述实体间一对多的联系,例如军队、院校等社会中各种组织机构一般具有这种结构,图2-9所示为学校组织机构的层次模型示例。

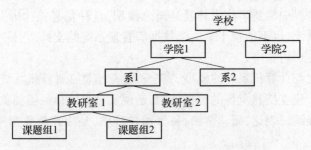

图2-9　学校组织机构的层次模型示例

层次模型缺点是只能反映实体间一对多的关系。要想使用层次模型描述多对多关系,必须首先分解成一对多关系,然后再用层次模型描述。

2. 网状模型

网状模型能反映现实世界中较为复杂的事物之间的联系。这里,这样描述网状模型:可以有一个以上的节点无父节点;至少有一个节点的父节点多于一个。在网状模型中,子节点与父节点之间的联系可以不是唯一的,它可以直接描述多对多的关系。图2-10所示为器材供应网状模型。

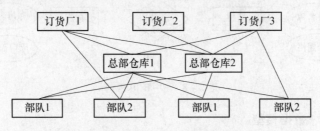

图2-10　器材供应网状模型示例

3. 关系模型

1）基本概念

关系模型用人们熟悉的二维表格形式来描述。一个二维表称为一个关系,一个关系由若干元组组成。一个元组实际上就是二维表中的一行内容,也就是一条记录,常代表一个实体。二维表中的每一列称为属性,有时也称为字段或者域。关系具有以下特点:

（1）关系中的每一列属性都是不能再分的。

（2）一个关系中各列被指定一个相异的名字。

（3）各行相异，不允许重复。

（4）行、列次序无关紧要。

（5）每个关系都有一个唯一标识各元组的主码，它可以是一个属性或属性集合。

表2-3为一个关系模型的示例——器材目录表。关系模型既能反映实体之间的一对一关系，又能反映实体之间的一对多关系，还能反映实体之间的多对多关系。以关系模型为基础建立的数据库就是时下广泛使用的关系数据库。

表2-3 关系模型示例——器材目录表

器材代码	器材名称	规格型号	器材价格元/个
10100010	雾灯灯泡	35W/24V	1000
10100020	灯泡	25W	20
20100110	螺栓	M6×12	150

可以用关系模式来描述该关系的结构：器材目录（器材代码＊、器材名称、规格型号、计量单位、器材价格）。其中，＊号表示前面的属性是该关系的主码。

2）关系模式的规范化

在关系模型中，一个关系可以用来描述一个实体及其包括的属性，又可以描述实体间的联系。但并不是任意的这种关系都可以很好地描述事实、节省空间和便于计算机处理。不规范的关系模式，可能导致大量数据冗余，增加、修改及删除异常。为解决这些问题，需要对关系模式进行规范化，规范化后的关系模式要满足特定的要求，即范式。满足不同程度要求的为不同范式，满足最低要求的叫第一范式，简称1NF，在第一范式中满足进一步要求的为第二范式，其余依次类推。

（1）第一范式（1NF）。若关系模式中的每个属性值都是不可再分的，那么我们说该关系模式满足第一范式的要求。例如，表2-4的属性"库存位置"是一个组合项，将其分解成表2-5的形式，就满足第一范式了。

表2-4 属性值分割前表

| 器材代码 | 库房号 | 库存位置 | | |
		区号	架号	位号
10100010	1	1	1	1
10100020	1	1	1	4
20100110	2	3	2	1

表2-5 属性值分割后表

器材代码	库房号	区号	架号	位号
10100010	1	1	1	1
10100020	1	1	1	4
20100110	2	3	2	1

(2)第二范式(2NF)。满足第一范式的关系模式,若除主码之外的其他属性都完全依赖于主码,则该关系模式满足第二范式。进行第二范式的规范化过程,实际上就是消除非主属性对主码的不完全依赖的过程。表2-6为一个满足第一范式的表——器材入库记录表。表2-6中的主码是"单据号+器材代码",属性"入库数量"完全依赖于该主码,但是像属性"供货单位"和"开票日期"仅依赖于主码之一的"单据号",即该关系模式中存在着部分依赖关系。对该关系模式进行分解,将部分依赖的属性单独组成新的模式,形成表2-7和表2-8所列的形式,就满足第二范式的要求了。

表2-6　第一范式示例表——器材入库记录表

单据号	供货单位编码	供货单位名称	开票日期	器材代码	入库数量
20120001	D1	D1 军 S1 师	2012 - 1 - 11	10100010	1
20120001	D1	D1 军 S1 师	2012 - 1 - 11	10100020	3
20120002	D2	D2 军 S2 师	2012 - 1 - 20	10100010	2

表2-7　入库单据主表

单据号	供货单位编码	供货单位名称	开票日期
20120001	D1	D1 军 S1 师	2012 - 1 - 11
20120001	D1	D1 军 S1 师	2012 - 1 - 11
20120002	D2	D2 军 S2 师	2012 - 1 - 20

表2-8　入库单据明细表

单据号	器材代码	入库数量
20120001	10100010	1
20120001	10100020	3
20120002	10100010	2

(3)第三范式(3NF)。如果关系模式满足第二范式,且每个非主属性都不传递依赖于任意主码,则该关系模式满足第三范式。第三范式的规范化就是消除非主属性对主码的传递依赖。在表2-7中,虽然"供货单位编码"和"供货单位名称"两个属性完全依赖于主码"单据号",但实际上"供货单位名称"是直接依赖于"供货单位编码"的,由于"供货单位编码"依赖"单据号"而使"供货单位名称"通过"供货单位编码"的传递作用间接依赖于"单据号"这个主码。经过进一步分解,消除这种传递依赖的关系模式,就是满足第三范式的关系模式,如表2-9、表2-10所列。

表2-9　入库单据主表

单据号	供货单位编码	开票日期
20120001	D1	2012 - 1 - 11
20120001	D1	2012 - 1 - 11
20120002	D2	2012 - 1 - 20

表2-10　单位明细表

供货单位编码	供货单位名称
D1	D1 军 S1 师
D1	D1 军 S1 师
D2	D2 军 S2 师

在 1NF、2NF、3NF 的基础上,规范理论还提出了 BCNF、4NF 等,但在实际应用中一般达到 3NF 就可以了。

2.3.3 数据仓库

1. 数据仓库的概念

近来,数据仓库(DW)是信息技术领域谈论的一个热门话题。在美国,数据仓库已成为仅次于 Internet 之后的又一技术热点。数据仓库概念是对数据库概念的进一步深化。数据仓库的建立并不是要取代数据库,而是来源于其他数据库,它要建立在一个较全面和完善的信息应用基础之上,用于支持高层决策的分析。数据仓库是数据库技术的一种新的应用,到目前为止,数据仓库还是用数据库管理系统来管理其中的数据。

数据仓库是现有的数据库系统中的数据和其他一些外部数据的一次重组,重组时以能更好地为决策分析应用提供数据支持为原则。简单地说,数据仓库就是一个为特定的决策分析而建立的数据仓储。它是一个专门的数据仓储,用来保存从多个数据库或其他数据源选取的已有数据,并为上层应用提供统一的用户接口,用以完成数据查询和分析。

与数据仓库比较而言,把目前技术已经成熟的数据库也称为传统数据库。传统数据库主要用于事务处理,即面向日常业务,通常对一个或一组记录完成增加、删除、修改、查询和一些基本统计操作,主要用于支持特定的应用服务,也称为操作型处理。数据仓库的提出是以关系数据库、并行处理和分布式等技术的飞速发展为基础,用于解决实际当中拥有大量数据,但是有用信息贫乏的一种综合解决方案,其数据处理的方式以分析为主,也称为分析型处理。

1)数据仓库的特征

数据仓库通常包含大量的、经过提炼的、面向主题的数据,具有如下特征:

(1)数据仓库具有面向主题的特征。一个数据仓库必须是根据某些企业关心的主题来建立的。面向主题意味着对于数据内容的选择以及对信息详细程度的选择,把与决策问题无关的数据排除在数据仓库之外。

(2)数据仓库中的数据是集成化的。即从各个部门提取的数据要进行转化或称整合处理,以统一原始数据中所有矛盾之处,这样才能构成数据仓库中的分析型数据,这是数据仓库中最关键的因素。

(3)数据仓库主要保存历史性数据。这些数据反映组织环境和状态在一个很长时间轴上的变化,形成时间序列数据,而且随着时间的流逝而增加。数据一旦进入数据仓库,它只能被用户所检索,不会再被改变。

(4)和传统的数据库相比,数据仓库系统对数据检索和处理的时间性要求较低。使用者提出查询要求后，数据仓库可以经过若干小时将数据查到，用户还可以对所得到的信息包进行进一步加工处理。

概括地说，数据仓库就是面向主题的、集成的、稳定的、不同时间的数据集合。数据仓库中的数据面向主题与传统数据库面向应用相对应。数据仓库的集成特性是指首先要统一原始数据中的矛盾之处，然后将原始数据结构做一个从面向应用向面向主题的转变。数据仓库的稳定性是指数据仓库反映的是历史数据的内容，而不是日常事务处理产生的数据。因为对于决策分析而言，历史数据是相当重要的，许多分析方法必须以大量的历史数据为依托。数据仓库是不同时间的数据集合，它要求数据仓库中的数据保存时限能满足进行决策分析的需要，而且数据仓库中的数据都要标明该数据的历史时期。

2）数据仓库解决的问题

数据仓库技术解决了事务处理系统处理不了的决策问题，具有动态集成和综合处理能力。具体地讲，它能解决如下问题。

（1）传统在线事务处理系统进行数据抽取时，由于层层抽取的不一致性产生严重的"蜘蛛网"问题，导致对同一个问题不同部门的结论不同，且可能相距甚远。数据仓库技术给数据加上时间维度，分离原始数据与导出数据，消除同类数据的算法差异，提高了数据的可信性。数据仓库技术，使得决策支持系统进入了实用化阶段。

（2）数据仓库可以通过数据转移工具将位于不同地理位置、不同平台、不同数据库中的数据按照一定的规则，高度集中在一个数据仓库中，达到充分利用各种数据源的目的。同时，在构建数据仓库的过程中，它还充分考虑到企业原环境数据的不一致性问题，可以将系统中不一致的数据按数据的一致性原则转移到数据仓库中，从而保证数据的完全一致，这对做出正确的决策是至关重要的。

在传统的在线事务处理系统中，要查询历史数据是费时、费力的事情，进行数据分析时就更不用说了，况且各年的数据可能存储在不同的介质上，因而导致数据处理效率低也就可想而知了。数据仓库中主要存储的就是历史数据和大量经过预先处理的汇总数据，因此基于历史数据的分析在数据仓库系统中就显得非常方便，而且效率也显著提高。

数据仓库存储了大量的数据，包括历史数据、当前数据和综合数据等。数据仓库随着其中数据的不同抽象程度可分成层次化结构。一般包括以下五部分：

（1）当前详细数据。保存从各种数据源复制过来的，反映当前状态的详细数据。它存储最新详细数据，随着时间的推移，当前详细数据中老化的部分被移到历史详细数据中。

（2）历史详细数据。其详细程度和当前详细数据一样。历史详细数据的使用频率不高。一般很少有对历史详细数据的查询,它的主要任务是为联机分析和数据挖掘提供数据支持。

(3)轻度概略数据。它是由当前详细数据经一定程度的提炼而来,一般只用于组织内部。

(4)高度概略数据。它是对数据高度抽象的结果,反映组织的综合情况,可被外部环境引用。

(5)元数据。它是有关数据的结构、内容和来源的数据,反映各种信息在数据仓库中的位置分布和处理方式等。简而言之,元数据就是关于数据的数据。

在构建具体的数据仓库系统时,不一定具备所有的数据层次,如果系统资源紧张,数据仓库可以省去详细数据,直接从数据源中提取数据进行综合后进入概略数据库。

数据从外部进入"仓库"时,首先进入当前基本数据层,之后分别作不同的归纳、汇总、整理和分析,结果存入轻度综合数据层乃至高度综合数据层。老化的数据将进入历史数据层。

在数据仓库中,元数据具有重要的作用。元数据是数据仓库的基础,是整个数据仓库概念的中枢部件。整个数据仓库的组织结构由元数据来组织。

数据仓库的任务分为四个阶段:收集数据、集成数据、存储信息、提供信息。它首先从企业业务系统即操作型系统的各种不同应用中收集数据,然后将这些数据集成到企业主题领域的逻辑模型中,再以决策者易于访问和理解的方式来存储信息,最后通过各种报表生成工具和查询工具向企业中的所有决策者提供信息。

2. 联机在线分析(OLAP)和数据挖掘(DM)

在实际决策过程中,决策者需要的数据往往不是某一指标单一的值,他们希望能从多个角度观察某一指标或多个指标的值,并且找出这些指标之间的关系。另外,目前的数据库系统可以高效地实现数据的录入、查询、统计等功能,但无法发现数据中存在的关系和规则,无法根据现有的数据预测未来的发展趋势。可见,对于一个组织来说,若仅仅拥有数据仓库,而没有高效的数据分析手段,就难以提高数据仓库中数据的利用率。另外,在海量数据背后隐藏着许多重要信息,人们希望能够对其进行深层次的分析,以便更好地利用这些数据。

OLAP 和 DM 都是与数据仓库技术紧密相关的术语。其中 OLAP 是在数据仓库的基础上,针对特定问题的联机数据访问和分析。DM 则表示在大量的数据中寻找用户未知的潜在关系的过程。

3. 数据仓库系统

数据仓库系统以数据仓库为基础,通过查询工具和分析工具,完成对信息的提取,满足用户的各种需求。数据仓库系统由数据仓库、数据仓库管理系统、数据仓库工具三个部分组成。在整个系统中,数据仓库居于核心地位,是信息提取的基础;数据仓库管理系统负责整个系统的运转,是整个系统的引擎;而数据仓库工具则是整个系统发挥作用的关键,只有通过高效的工具,数据仓库才能真正发挥出数据宝库的作用。

数据仓库中最主要的工具是分析型工具。用户从数据仓库提取信息时可能有多种不同的方式,但大体可以分成两种模式,即验证型和发掘型。作为分析型工具,上面提到的 OLAP 和 DM 在 DW 系统中占有相当重要的地位,OLAP 是一种验证型的分析工具,而 DM 是一种挖掘型的分析工具。

数据仓库中的工具以分析型为主,但仍包括查询工具。这里所说的查询,并不是指对记录级数据的查询,而是指对分析结果的查询,这就要求有更加友好的表述方式。数据仓库系统的查询通常都非常复杂,主要有两种查询方式:一种以报表为主,这种查询是预先规划好的;另一种则是随机的、动态的查询,对查询的结果也是不能预料的。

查询工具、验证型工具、发掘型工具结合在一起构成了数据仓库系统的工具层,它们各自侧重点不同,因此适用范围和针对的用户也各不相同。用户可以分别利用 MIS 进行日常事务性操作,如增、删、改、报表生成等,利用 OLAP 工具深入了解事务做出总结性分析,也可以利用 DM 做出进一步的预测性分析。

OLAP、DM 的数据来源于管理信息系统,是管理信息系统的汇总和提炼。从工具对数据分析的深度来看,验证型工具处于较浅的层次,而发掘型工具则是处于较深层次的工具。在实际工作中,查询工具、验证型工具和发掘型工具是相互补充的,只有很好结合起来使用,才能达到最好的效果。建立三者合而为一的数据仓库工具层是数据仓库系统真正发挥其数据宝库作用的重要环节。

数据仓库是一种解决问题的方案,它是对原始的操作数据进行各种处理并转换成有用信息的处理过程。数据仓库以传统的数据库技术作为存储数据和管理资源的基本手段,以统计分析技术作为分析数据和提取信息的有效方法,以人工智能技术作为挖掘知识和发现规律的科学途径。这样,对于那些决策者明确了解的信息,可以用查询、OLAP 或其他工具直接获取,而另外一些隐藏在大量数据中的关系、趋势等信息,就需要数据挖掘技术来完成。

数据仓库应用是一个典型的 C/S 结构,客户端工作包括客户交互、格式化查询以及结果和报表生成等,服务器端完成各种辅助决策的 SQL 查询、复杂的计算和各类综合功能。但现在一种最普遍的形式是三层结构,即在客户和服务器之间增加一个多维分析服务器,它能加强和规范支持的服务工作,集成和简化原客户端和 DW 服务器的部分工作,降低系统数据的传输量,因此工作效率更高。

数据仓库解决了数据不统一的问题。数据仓库自底层数据库收集大量事务级数据的同时,对数据进行集成、转换和综合,形成面向全局的数据视图,形成整个系统的数据基础。

联机分析处理从数据仓库中的集成数据出发,构建面向分析的多维数据模型,用户可以使用不同的方法,从不同角度对数据进行分析,实现了分析方法和数据结构的分离。

数据挖掘以数据仓库和多维数据库中的大量数据为基础,自动地发现数据中的潜在模式,并以这些模式为基础自动做出预测。数据挖掘反过来又可以为联机分析处理提供分析的模式。

可见,数据仓库、OLAP 和 DM 是三种独立的信息处理技术。数据仓库用于数据的存储和组织;OLAP 集中于数据的分析;DM 则致力于知识的自动发现。这三种技术之间并没有内在的依赖关系,但这三者之间确实存在着一定的联系和互补,如果把它们结合起来,就可以使它们的能力更充分地发挥出来。于是,便形成了一种新的决策支持系统的框架,即 DW + OLAP + DM。随着企业竞争的日益加剧,这种新型的决策支持系统解决方案必将受到越来越多企业的青睐。

一般的数据库系统主要是组织与管理与业务活动或事务处理有关的信息。由于它面向一般的管理层,因此对信息的组织主要立足于使这些管理部门便于存取访问这些数据,并对这些数据进行加工处理,生成本部门所需的数据。而对于企业的领导层来说,他们不仅要求知道各部门的一些关键信息,以了解企业当前的运行情况,更需要对这些数据进行汇总、分析与推理,形成决策有用的信息。因此,需要在数据库的基础上再建立一个系统,以提供分析型的数据,作为领导决策的依据。把分析型数据从事务处理环境中提取出来,按照决策支持系统处理的需要进行重新组织,建立单独的分析处理环境,数据仓库正是为了构建这种新的分析处理环境而出现的一种数据存储和组织技术。

数据仓库系统是一个解决问题的过程,而不是一个可以买到的现成产品。不同组织会有不同的数据仓库。组织人员往往不懂如何建立和利用数据仓库,发挥其决策支持作用,而数据仓库公司人员又不懂业务,不知道建立哪些决策主题,从数据源中抽取哪些数据,这需要双方互相沟通,共同协商开发数据仓库。需要强调的一点是,数据仓库的创建将会是一项长期、复杂并面临很大风险的工作,需要对其进行很大的投资,因此,对于数据仓库的创建应该谨慎。当然,数据仓库创建的成功将会给组织带来巨大的效益,使组织具有更强的智能和竞争力。

2.4 关键技术

2.4.1 GIS 技术

地理信息系统（Geographic Information System，GIS）是在计算机软硬件支持下，用于获取、存储、分析和管理地理空间数据的计算机信息系统。GIS 在计算机系统的支持下，具有较强的地图和数据处理能力，能够快速、精确、综合地对复杂的地理信息进行空间定位和过程动态分析。

GIS 技术手段已用于数据采集、时空分析、城市或区域规划以及管理与决策等过程。装备器材保障资源管理与调度系统利用 GIS 技术，将器材保障资源与地理信息进行整合，为科学合理地完成装备保障任务提供了决策依据，系统界面如图 2-11 所示。

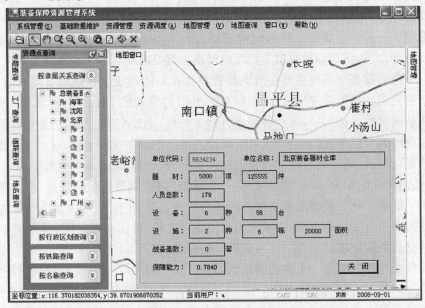

图 2-11 装备器材保障资源管理与调度系统界面

2.4.2 导航定位技术

全球定位系统（NAVigation Satellite Timing And Ranging Global Positioning System，NAVSTAR GPS，以下简称 GPS）是美国研制的，具有在海、陆、空进行全方位实时三维导航与定位能力的新一代卫星无线电导航与定位系统。该系统的组

54

成包括太空中的 24 颗 GPS 卫星；地面上的 1 个主控站、3 个数据注入站和 5 个监测站及作为用户端的 GPS 接收机。GPS 系统拥有如下多种优点：全天候，不受任何天气的影响；全球覆盖（高达 98%）；三维定速定时高精度；快速、省时、高效率；应用广泛、多功能；可移动定位等。

我国的北斗卫星导航系统与美国的 GPS、俄罗斯的 Glonass（格洛纳斯）、欧洲的 Galileo（伽利略）并称为全球四大卫星定位系统。北斗卫星导航系统是我国独立建造的卫星定位系统，由三颗（两颗工作卫星、一颗备用卫星）北斗定位卫星（北斗一号）、地面控制中心为主的地面部分、北斗用户终端三部分组成。目前，北斗卫星导航系统已经在科学、金融和电力及通信中得到应用；在渔业、森林防火、水域及海洋信息监测、大气环境监测等方面，北斗的定位和通信功能也已发挥了作用；在汶川的救灾过程中，第一支进入灾区的武警四川总队森警先遣队，就是使用北斗一号卫星导航手持终端机，与北京指控中心取得联系的。

2.4.3 自动识别技术

1. 条码技术

条码技术是一种可靠的自动识别技术，它能实现对信息的自动扫描和识别，是快速、准确而可靠地采集数据的有效手段。

一维条码自出现以来，发展十分迅速。在商品包装上常见的条码，是普通的一维条码，如图 2 – 12 所示。一维条码的信息容量较小，仅记录物品的 ID 代码，在实际的应用中需要与数据库关联才有意义。

二维条码在数据容量、数据种类、数据密度、数据修复能力这些方面具有显著的优点，可以用来表示字符、数字及图表图像等复杂信息。因此二维条码可以描述更多的信息，如物品的 ID、特性、履历，单据信息等。二维条码更好地实现了物品信息的携带、识别和传递。目前，最常用的二维条码为 PDF417 条码，PDF（Portable Data File）的意思是"便携数据文件"。每一个条码字符由 4 个条和 4 个空共 17 个模块构成，故称为 PDF417 条码。我军某型装备器材从出厂、运输、储存到使用的各个环节已经广泛应用了 PDF417 条码技术。

6 9012340 00016

图 2 – 12　一维条码

另一种常用的二维条码为 QRcode 码，是由日本 Denso 公司研制的一种矩阵二维条码符号，除了具有一般二维条码的特性外，还具有超高速识读和全方位（360°）的特点，在装备管理中具有很强的推广价值。PDF417 条码和 QRcode 码如图 2 – 13 所示。

(a)   (b)

图 2-13   PDF417 条码和 QRcode 码

(a) PDF417 条码；(b) QRcode 码。

2. 接触式 IC 卡技术

接触式 IC 卡的表面可以看到一个方型镀金接口，共有 8 个或 6 个镀金触点，用于与读写器接触，通过电流信号完成读写。读写操作（也被称为刷卡）时须将卡插入读写器。接触式 IC 卡的通信速率较低，再加上插拔卡的动作延误，造成每一笔交易需要较长时间的等待。另外接触式 IC 卡在读写器上经常拔插造成的磨损，易导致接触不良，从而引起数据传输错误，并缩短卡和读写器的使用寿命。当前接触式 IC 卡应用也比较广，如点卡、水卡、电话卡、电子钱包等。读卡器和 IC 卡的例子如图 2-14 所示。

图 2-14   接触式 IC 卡读卡器和接触式 IC 卡

3. RFID 技术

无线射频识别（Radio Frequency Identification，RFID）技术，是一种非接触的自动识别技术。RFID 设备包括阅读器和电子标签两部分，电子标签也常被人们称为感应式电子晶片、感应卡、非接触卡电子条码等。RFID 技术通过射频信号自动识别目标对象并获取相关数据，识别工作无需人工干涉。RFID 技术具有条形码所不具备的防水、防磁、耐高温、使用寿命长、读取距离大、标签上数据可加密、存储数据容量大、存储信息更改自如等优点。RFID 技术可识别高速运动物体，并可同时识别多个标签。短距离射频产品可用于工厂的流水线上跟踪物体；长距离射频产品多用于交通上，识别距离可以达几十米，如飞机场检测托运的行李,识别车辆身份或自动收费等。图 2 - 15 所示为 RFID 阅读器。图 2 - 16 所示为 RFID 电子标签。

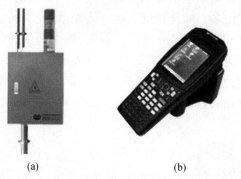

(a)　　　　　　　　　　(b)

图 2 - 15　RFID 阅读器

(a) 固定式; (b) 移动式。

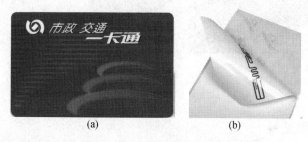

(a)　　　　　　　　　　(b)

图 2 - 16　RFID 电子标签

4. 磁性数据识别技术

很多银行业的计算机系统,使用磁性墨水字符识别(Magnetic Ink Character Recognition, MICR)技术,阅读磁性化的支票、存单。这种 MICR 系统采用 14 个字符的标准设计格式,其中 10 个是十进制数字,另外 4 个是特定的标识符。当客户存款或开支票时,MICR 字符用特定的设备和专用氧化铁墨水预印在支票和文档上,其中包括银行的识别号、用户的账号和金额。当用户提款时,运用专用的阅读器,磁化用磁性墨水写的字符,并感应成电信号送入计算机处理。这种阅读器每分钟可阅读 2400 张支票,每秒可传送 3000 个字符。

另一种磁性数据输入的技术即磁条技术。这种黑色磁条一般都在信用卡、电话卡等卡的背面,由相应的磁性条阅读器阅读。

5. 光学字符识别技术

光学字符识别(Optical Character Recognition, OCR)首先是用光字符识读扫描仪对字符、字母、图形等进行水平方向和垂直方向的扫描,然后使用 OCR 软件把扫描到的字符、字母、图形等转变成二进制文件形式,输入到计算机系统。光学字符识别技术曾被美国经销商协会选为标准自动识别技术,并在许多商场使用了光学字符识读设备。向计算机系统输入账单、发票的数据是光学字符识别技术的典型应用,如图2－17(a)所示。现在,越来越多的停车场也采用光学字符识别技术对车牌进行识别,如图2－17(b)所示。OCR系统能够扫描照片、图表或其他图形文件,并且能以各种格式(BMP/TIFF/PCX/EPS等)存储。光学字符识别技术由于存在着首读率低、误码率较高、硬件价格贵等原因,不适合需要大量数据输入的环境。

(a)   (b)

图2－17　光学字符识别技术应用示例

6. 应用情况

自动识别技术的发展,对信息化建设起到了巨大的推动作用。美军在后勤保障过程中,通过对条码,光储卡,射频识别技术、智能卡和卫星跟踪系统等的应用,实现通信信息采集和资产的数字化跟踪服务,进而实现全资产可视化。其中,条码用来采集初始源数据并用于整个后勤链中流动的所有物品和运载货物。光储卡用来传送装载货物的大量数据,以加快终点站的接收处理。通过应用光储卡,自动数据库可以进行立即更新。射频识别技术则用于需要远距离集装箱或集装件物品可视性或在运可视性的场合。美军通过在集装箱上使用电子标签来记录货物的目的地和货物信息,结合卫星通信动态跟踪和监控集装箱的运输过程,提高后勤保障的效率。智能卡应用于需要小型便携式自动识别技术装置的场合,并与自动化信息系统相接。

思 考 题

1. 计算机的结构中主要部件是什么? 各起什么作用?

2. 有哪些输入/输出及二级存储设备？它们的基本用途是什么？

3. 计算机软件的定义是什么？MIS 属于那一类软件？

4. 什么是计算机网络？它的基本功能是什么？

5. 常用的网络连接设备有哪些？各自的用途是什么？

6. 常用的通信介质有哪些？各自的特点是什么？

7. 请按不同的分类方法，归纳一下计算机网络的不同类型。

8. 简述 B/S 模式与 C/S 模式的特点。

9. 什么是 Internet？Intranet 与 Internet 相比优势在哪里？

10. 数据库管理系统有什么功能？

11. 数据模型有几种，分别是什么？

12. 什么是 E－R 图？E、R 分别表示的含义是什么？

13. 什么是第一范式、第二范式、第三范式？

14. 数据仓库和数据库的主要区别是什么？

15. 有哪些先进的技术手段实现信息的快速采集、传输和加工？

第3章 系统规划与系统开发方法

3.1 系统规划的概念

3.1.1 信息系统发展的阶段论

信息系统在组织中的应用经历了由浅到深、由孤立应用到集成应用、由技术系统到管理系统的发展过程。美国人诺兰(Nolan)于1973年首次提出了信息系统发展阶段的诺兰模型。到1980年,诺兰进一步完善该模型,把信息系统的成长过程划分为如图3-1所示的六个阶段,并将前三个阶段称为计算机时代,后三个阶段称为信息时代。

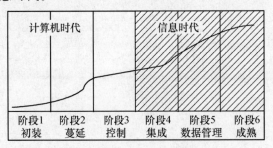

图3-1 诺兰模型

(1) 初装阶段。初装阶段指单位(企业、部门)购置第一台计算机并将其应用于数据处理工作。一般,初装阶段大多发生在单位的财务部门。

(2) 蔓延阶段。随着计算机应用初见成效,信息系统从少数部门扩散到多数部门,并开发了大量的应用程序,使单位的事务处理效率有了提高,这便是所谓的蔓延阶段。显然,在该阶段中,数据处理能力发展得最为迅速,但同时出现了许多有待解决的问题,如数据冗余性、不一致性、难以共享等。可见,此阶段只有一部分计算机的应用收到了实际的效益。

(3) 控制阶段。管理部门了解到计算机数量超出控制,计算机预算每年以30%~40%或更高的比例增长,而投资的回收却不理想。同时随着应用经验逐渐丰富,应用项目不断积累,客观上也要求加强组织协调,于是就出现了由单位领导和职能部门负责参加的领导小组,对整个单位的系统建设进行统筹规划,特别是利用数据库技术解决数据共享问题。这时,严格的控制阶段便代替了蔓延阶段。诺兰先生认为,第三阶段将是实现从以计算机管理为主到以数据管理为主转换的关键,一般发展较慢。

(4)集成阶段。集成就是在控制的基础上,对子系统中的硬件进行重新连接,建立集中式的数据库及能够充分利用和管理各种信息的系统,使得信息系统的发展进入再生和受控发展时期。由于重新装备大量设备,此阶段预算费用又一次迅速增长。

(5)数据管理阶段。诺兰认为,集成阶段之后是数据管理阶段。数据管理阶段的标志是完成了集成化的数据处理系统的实施,企业将主要精力从信息系统的建设转向信息系统的应用,并开始取得良好的经济效益。但在 20 世纪 80 年代,美国尚在第四阶段,因此,诺兰没能对该阶段进行详细的描述。

(6)成熟阶段。一般认为,成熟的信息系统可以满足单位中各管理层次(高层、中层、基层)的要求,从而真正实现信息资源的管理。

诺兰模型还指明了信息系统发展过程中的几个增长要素:

(1)计算机硬件和软件资源。从早期的磁带向最新的分布式计算机发展。

(2)应用方式。从批处理方式发展到联机方式。

(3)计划控制。从短期的、随机的计划到长期的、战略的计划。

(4)管理信息系统在组织中的地位。从附属于别的部门发展到独立的部门。

(5)领导模式。一开始技术领导是主要的,随着用户和上层管理人员越来越了解 MIS,上层管理部门开始与 MIS 部门一起决定发展战略。

(6)用户意识。从作业管理级的用户发展到中、上层管理级。

随着信息系统的进一步发展和充分应用,诺兰本人又对该模型进行了补充,于 1995 年提出了如图 3 - 2 所示的信息技术发展的三个时代模型。

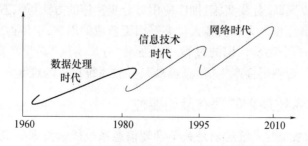

图 3 - 2　信息技术发展的三个时代模型

在数据处理时代(20 世纪 60 年代至 80 年代),信息技术主要在企业的操作和管理层面起作用,其主要功能是专门工作的自动化,如开展库存管理、财务管理、生产计划制定等;在信息技术时代(20 世纪 80 年代至 90 年代中),信息技术在整个企业的业务管理和决策层面发挥作用,强调基于信息技术开展企业业务运作和决策,如建立 ERP 系统、办公自动化系统、决策支持系统等;在网络时代,信息技术不仅仅用于提高企业的业务效能,而是强调信息技术的战略作用和社会资源的整合,通过信息技术将组织、人员及其工作整合为一种网络化的组织形式以创造更高的生产率,并与其他企业实现协同,促进整个价值链的增值,如建立电子商务系统、供应链与客户关系管理系统等。

上述关于信息系统发展的阶段论对于规划装备管理信息系统和制定装备管理信息系统的开发策略都具有很强的指导作用。

诺兰的阶段模型总结了发达国家信息系统发展的经验和规律,但它并不是信息系统应用的理想模型。由于受到管理体制、管理机制、管理水平、人员信息化意识等诸多因素的制约,一般认为诺兰模型中的各阶段都是不能跳跃的。因此,在建设装备管理信息系统时,首先要明确所建系统当前处于诺兰模型的哪一发展阶段,进而根据该阶段特征来指导信息系统建设。

虽然诺兰模型中各阶段不可跳跃,但随着人们对信息系统认识的提高,却可以压缩某些阶段的持续时间,特别是蔓延阶段。为了使得分散开发的信息系统,能够顺利地连接在一起,就要进行有计划、有步骤的开发,要进行总体的规划。总体规划的时机可选择在控制阶段或集成阶段。如果规划的时机选择得过早,往往规划的指导性不强,失去规划的意义;如果规划的时机选择得过晚,由于已经建立了大量分散的"信息孤岛",在将这些已建系统集成为一个大系统时,就会产生很多的问题,造成巨大的浪费。目前装备管理信息系统正处于控制阶段或由控制阶段向集成阶段的过渡中,正是系统总体规划的时机。

装备管理信息系统在走向集成阶段的过程中,普遍认为比较稳妥的方法是总体规划、重点突破、分步实施、推广应用。分步实施的方法可以避免全面铺开、重点不突出、资金投入大和实施人员多等因素造成的困难,也使得用户对信息系统建设工作有一个逐步认识的过程。但强调"分步实施"必须在良好的整体规划基础上开展,否则仍会产生"信息孤岛",导致系统集成的难度大大增加。

3.1.2 系统规划的概念及重要性

管理信息系统的系统规划是关于管理信息系统长远发展的规划,是站在组织的战略层次,把组织作为一个有机的整体,根据用户的需求,经过调查,对所开发的管理信息系统的技术方案、实施过程、阶段划分、开发组织及资金调度等,用系统的、科学的、发展的观点进行的全面规划。系统规划是管理信息系统建设成功的关键之一。

管理信息系统规划的重要性体现在以下四个方面。

1. 系统规划是系统开发的前提条件

管理信息系统的开发是一项极其重要复杂的系统工程,它涉及组织的管理体制、管理环境、人力、财力、物力各种资源的配置等,涉及到由高层到低层、由整体到局部、由决策到执行等各个层次多个管理部门,如果没有一个总体规划来统筹安排和协调,盲目地进行开发,非但造成资源的浪费,还会导致系统开发失败。总体规划是建立管理信息系统的先期工程,是前期条件。

2. 系统规划是系统开发的纲领

系统规划明确规定系统开发的目标、任务、方法、步骤以及系统开发人员和系统管理人员共同遵守的准则,系统开发过程的管理和控制手段等,这些都是指导系统开发的纲领。

3. 系统规划是系统开发成功的保证

系统规划把组织的远期目标和近期目标、外部环境和内部环境、整体效益和局部效益、自动业务和手工业务等诸方面的关系统筹协调起来,使系统的开发严格按计划有序地进行。

4. 系统规划是系统验收评价的标准

新系统建成后,应该对系统运行后的情况进行测定验收,对系统的目标、功能、特点、可用性等进行评价。这些工作都是以总体规划为标准的,符合总体规划标准的系统开发是成功的,否则是失败的。

系统规划的重要性可以用如下关系概括:

(1) 好的系统规划 + 好的开发 = 优秀的管理信息系统。

(2) 好的系统规划 + 差的开发 = 好的管理信息系统。

(3) 差的系统规划 + 好的开发 = 差的管理信息系统。

(4) 差的系统规划 + 差的开发 = 失败的管理信息系统。

目前,我国地方企业或军队对信息系统规划的认识和工作深度,与国外相比还有很大差距。统计资料表明:国外年收入 10 亿美元以上的大公司中,有 95% 进行了 IT 规划;年收入 1 亿美元 ~ 9 亿美元的中型公司中,有 91.3% 进行了 IT 规划;年收入小于 1 亿美元的小公司中,有 76.1% 进行了 IT 规划。而在我国真正进行了全面的信息系统规划的单位或行业还很少,有的单位虽然意识到了要进行系统规划,但却把握不住重点,往往比较关注网络系统和硬件环境的规划,对于信息系统的全面 规划、特别是信息资源的规划普遍重视不够。由于缺少全面系统的规划,一方面导致了大量"信息孤岛"问题,为集成带来了困难;另外一方面导致相同的信息在多个应用系统中采用了不同的表示方法,并且相同的信息被多次输入,形成信息冗余和信息不一致问题,为以后信息资源的规范化管理造成了很大困难。另外,还有一部分组织在进行系统规划时仅仅关注信息系统的建设,缺乏对组织中的业务模式和业务流程的深入分析,导致系统规划与组织战略的脱节。

3.1.3 系统规划的内容

系统规划一般包括 3 年或更长期的计划,也包含一年的短期计划。规划的内容主要涉及四个方面,可用图 3－3 描述。

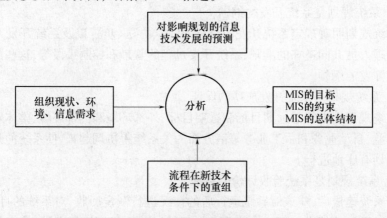

图 3－3 系统规划的内容

(1)组织的现状。首先要对组织现有情况有一个客观的认识。包括组织中计算机软硬件情况、开发费用的投入情况、应用人员的素质,以及当前管理下的管理信息系统所处的阶段。准确的认识是管理信息系统应用成功的关键因素之一。

(2)业务流程的现状、存在的问题和不足以及流程在新技术条件下的重组。在新的信息技术条件下,对原有流程进行分析,查找问题,进行改变和优化。

(3)对影响系统规划的信息技术发展的预测。这里涉及到的信息技术主要包括计算机硬件技术、软件技术、网络技术及数据处理技术等。这些技术的推陈出新将在相当程度上给管理信息系统的开发带来影响(如处理效率、响应时间等),并决定将来管理信息系统性能的优劣。因此,规划时吸取相关新技术,有可能使开发出的管理信息系统具有更强的生命力。

(4)信息系统的目标、约束及总体结构。有了上述这些问题之后,就可以很容易地去制定管理信息系统的目标、约束及总体结构。其中,信息系统的目标确定了管理信息系统应实现的功能;信息系统的约束包括管理信息系统实现的环境、条件(如管理的规章制度、人力、物力等);信息系统的总体结构指明了信息的主要类型和主要的子系统。

3.1.4 系统规划的特点

在进行系统规划的上述各步骤时,特别要注意系统规划与后面系统分析的区别,系统规划是高层的系统分析,它是面向高层的、面向全局的需求分析,有如下特点:

(1)系统规划侧重高层的需求分析,对需求分析有比较具体的准则。

(2)系统规划从整体上着眼于高层管理,兼顾中层与操作层规划方面的内容。

(3)系统规划从宏观上描述系统,对数据的描述限在"数据类"级,对处理过程的描述限在"过程组"级。更进一步的分析放在系统分析阶段进行。

(4)系统规划要摆脱信息系统对组织机构的依从性。也就是说,系统规划是着眼于组织的活动过程,或说是业务流程,可以独立于任何层次和管理职能,这样设计出来的信息系统独立性强,可以减少体制变动对其影响。例如,某高校招生工作原来属于干部部门,现又归属于教务部门。不管它归属于哪个部门,它的活动内容是相同的。

3.2 系统规划的常用方法

最早,管理信息系统的规划没有成为单独划出的一个阶段,只是把它当成系统开发前的需求调查。稍后,许多学者提出用于管理信息系统规划的方法很多,主要有关键成功因素法(Critical Success Factors,CSF)、企业系统规划法(Business System Planning,BSP)、战略集合转移法(Strategy Set Transformation,SST),其他还有企业信息分析与集成技术(BIAIT)、产出/方法分析(E/M)、投资回收法(ROI)等。使用最多的是前三种,后几种用于特殊情况,或者作为整体规划的一部分使用。

组织的信息需求分析方法主要有两大类,一类是全面调查法,另一类是重点突破法,即首先抓住影响系统成功的关键因素进行分析以确定组织的信息需求。企业系统规划法和关键成功因素法就分别是这两类方法的典型,下面我们分别介绍这两种方法的基本原理。

3.2.1 企业系统规划法

1. 企业系统规划法的作用

企业系统规划法是一种能够帮助规划人员根据企业目标制定出管理信息系统规划的结构化方法,通过这种方法可以做到以下两点:

(1)确定出未来信息系统的结构,明确系统的子系统组成和开发子系统的先后顺序。

(2)对数据进行统一规划、管理和控制,明确各子系统之间的数据交换关系,保证信息的一致性。

企业系统规划法的优点在于利用它能保证信息系统独立于企业的组织机构,也就是能够使信息系统具有对环境的适应性。即使将来企业的组织机构或管理体制发生变化,信息系统的结构体系也不会受到太大的冲击。

2. 企业系统规划法的工作步骤

用企业系统规划法制定规划是一项系统工程,其主要的工作步骤如下:

(1)定义企业目标。这是要在各级管理部门中取得一致的看法,明确企业的方向,使信息系统直接支持这些目标。

(2)定义业务过程。定义业务过程是企业系统规划法的核心。业务过程指的是企业管理中必要且逻辑上相关的、为了完成某种管理功能的一组活动。它们的分析和识别无需顾及与组织机构的联系。

(3)业务过程重组。业务过程重组是在业务过程定义的基础上,找出哪些过程是正确的,哪些过程是低效的,需要在信息技术支持下进行优化处理,还有哪些过程不适合计算机信息处理的特点,应当取消。

(4)定义数据类。数据类是指支持业务过程所必需的逻辑上相关的数据。对数据进行分类是按业务过程进行的,即分别从各项业务过程的角度将与该业务过程有关的输入数据和输出数据按逻辑相关性整理出来归纳成数据类。

(5)定义信息系统总体结构。定义信息系统总体机构的目的是刻画未来信息系统的框架和相应的数据类,因此其主要工作是划分子系统,具体实现可利用接下来将要讲到的 U/C 矩阵。企业系统规划法是根据信息的产生和使用来划分子系统的。它尽量把信息产生的企业过程和使用的企业过程划分在一个子系统中,从而减少了子系统之间的信息交换。

(6)确定总体结构中的优先顺序。对信息系统总体结构中的子系统按先后顺序排出开发计划。

制定系统的开发顺序是总体规划的重要内容。确定出信息系统开发顺序后,根据开发的顺序制定开发进度,保证整个系统工作顺利进行。

3.2.2 关键成功因素法

关键成功因素指的是对企业成功起关键作用的因素。CSF法就是通过分析找出使得企业成功的关键因素,然后再围绕这些关键因素来确定系统的需求,并进行规划。

关键成功因素法主要包括以下几个步骤:

(1)了解企业或 MIS 的战略目标。

(2)识别所有的成功因素。可采用递层分解的方法引出影响战略目标的各种因素以及影响这些因素的子因素。

(3)确定关键的成功因素。对所有成功因素进行评价,根据企业或 MIS 的现状及目标确定出关键成功因素。不同行业的关键成功因素不同。例如,对汽车制造业可能是制造成本控制,而对保险业则是新项目开发和工作人员的效率控制。即使相同行业,在不同时期、不同环境下关键成功因素也会不同。

(4)明确各关键成功因素的性能指标和评估标准。

3.3 业务流程重组

3.3.1 业务流程重组的概念

业务流程重组(Business Process Reengineering,BPR)的定义最早是由美国学者哈默(Hammer)和杰姆培(Champy)于1993年给出:BPR是对企业过程进行根本性的再思考和彻底的再设计,以求企业关键的性能指标获得巨大的提高,如成本、质量、服务和速度。

这里描绘 BPR 用了两个关键词:"根本性的"和"彻底的"。"根本性的"的意思是指不是枝节的,不是表面的,而是本质的。只有看出问题,看透问题,才能更好地解决问题。"彻底的"的意思是要动大手术,是要大破大立,不是一般性的修补。

业务流程是指为完成组织目标或任务而进行的一系列跨越时空的再逻辑上相关的业务活动。例如,某型器材仓库器材入库的流程是:在收发中心验收器材,进行登记,之后到业务机关开入库单,并随同入库单一起将器材送到库房,由保管员再次验收入库,并进行回填等。在手工管理方式下,已经形成了一个比较成型的业务流程和管理方法。信息技术的应用有可能改变原有的信息采集、加工和使用方式,甚至使信息的质量、获取途径和传递手段都发生根本性的变化。人们发现,在传统的劳动分工原则下,企业流程被分割为一段段分裂的环节,每一环节关心的焦点仅仅是单个任务和工作,而不是整个系统的全局最优。在管理信息系统建设中仅仅用计算机系统去模拟原手工管理系统,并不能从根本上提高效率,重要的是重组业务流程。因此,业务流程重组的本质就在于根据新技术条件下信息处理的特点,以事物发生的自然过程寻找解决问题的途径。

可以说,BPR 实现的手段有两个:一是信息技术,二是组织。BPR 之所以能得到巨大的提高在于充分地发挥 IT 的潜能,即利用 IT 改变组织的业务过程,简化业务过程。还有利用组织结构变革,达到组织精简,效率提高。

3.3.2 业务流程重组的原则

BPR 的主要技术在于简化和优化过程。总的来说 BPR 过程简化的主要思想是战略上精简分散的过程;职能上纠正错位的过程;执行上删除冗余的过程。

BPR 在利用 IT 技术简化过程上包括以下原则:

(1)横向集成。跨部门按流程的压缩,即以过程管理代替职能管理。

(2)纵向集成。权利下放,压缩层次。

(3)减少检查、校对和控制。以事前管理代替事后监督,减少不必要的审核、检查和控制活动。

(4)并行工程。以计算机协同处理为基础的并行过程取代串行和反馈控制管理过程。

(5)单点对待顾客。用入口信息代替中间信息。

(6)单库提供信息。建好统一的共享信息库,避免信息的重复输入。

(7)灵活选择过程连接。对于某些输入,可能不需要全过程,少几个过程也可连接起来,也能达到输出。

上述原则指出了流程重组的指导性方法,在实际操作中,还应考虑具体的组织环境及条件,灵活应用,设计出理想的流程。

这里,以某型装备器材订货付款流程为例解释业务流程的改造。装备器材管理部门每年都要与上百个生产工厂签订订货合同。生产工厂依据合同规定的时限,分批将器材送往仓库。仓库对器材进行清点验收,并将器材收入情况交给财务部门。生产工厂按照实际交货情况开发票,将发票交给财务部门。财务部门对合同、发票以及仓库收货情况进行核对,信息无误,则给生产工厂付款。图3-4 所示为再造之前的订货付款流程。

在上述流程中存在这样一些问题:一方面生产工厂交货并非一次性全部完成,而是分批完成的;另一方面装备器材管理部门还会根据需求情况临时与生产工厂签订合同,生产工厂送货时会将这些器材一起送到仓库。因此订货合同、发票和入库单之间数据的对应关系很复杂。这就需要财务部门的人员要花费大量

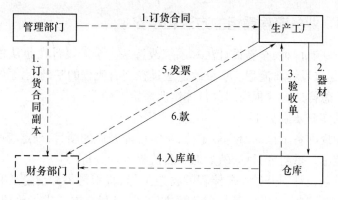

图 3-4　再造之前的订货付款流程

　　的人力进行数据的核对,进而导致财务部门工作效率低,迟迟不能付款的现象。

　　经过 BPR,优化后的订货付款流程如图 3-5 所示。

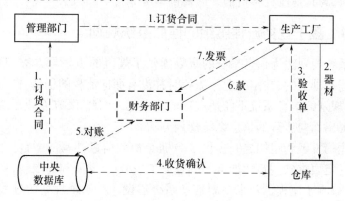

图 3-5　优化后的订货付款流程

　　优化后的流程中,增加了中央数据库。订单的核对工作提前到仓库接收器材时进行,而这一工作通过中央数据库可以很轻松地完成。财务部门每隔一段时间对仓库收货情况进行对账,由程序进行电子数据匹配,自动打印付款单并按付款单进行付款。优化后的流程不仅能及时给生产工厂付款,还大大提高了工作效率。这个案例说明 BPR 的“彻底”和“根本”:财务部门将“收到发票,我们付款”的原则改为“收到器材,我们付款”。在这个管理方法改变的前提下,再应用数据库共享对账信息,就大大简化了订货付款的流程。

　　需要注意的是军队业务流程的改变,尤其是涉及到编制体制变化等问题,对于军队是大事,不是轻而易举改变得了的。

3.3.3　业务流程重组的方法和步骤

BPR 方法有两种：全新设计法和系统改造法。全新设计法是从根本上抛弃旧流程，零起点设计新流程。系统改造法是在现有流程的基础上，系统渐进地创造新流程。怎样选择要视组织的具体情况而定。

BPR 的实施步骤如下：

（1）发现准备工作。给企业定位，确定可能开展的项目，确定哪些流程应纳入重组的范围及重组的目标，然后对项目流程进行分析。

（2）重新设计。开始业务流程的再造工作，特别是要弄清楚现有业务流程中存在的问题，制定新的业务流程备选方案，并对每个方案进行价值分析，最终提出可行方案。

（3）实施阶段。首先，选择最佳方案。然后，实施方案。三是更新模型及其他相关资料，为其他流程再造的开展提供参考。

3.3.4　基于业务流程重组的信息系统规划

企业系统规划法为信息系统的规划提供了规范的步骤与方法，但该方法是在现有流程基础上的，在定义业务流程时并没有面向流程的创新、再造及规范化设计，这样规划的信息系统不能适应环境的变化。因此，要在企业系统规划方法的基础上提出面向流程的信息系统规划方法。

信息化的发展为组织之间提供了数据交换和信息共享的平台。因此，新的系统规划一定要突破现行职能部门为基础的"分工"式流程的限制，从供应链的角度出发，着眼于流程创新来规划信息系统建设。在系统规划的过程中以流程为主线，先进行流程规划，然后在此基础上进行系统的数据规划和功能规划。

归纳起来，基于业务流程重组的信息系统规划要点如下：

（1）正确把握信息系统建设、流程再造和长期性的问题。信息系统的建设应当为战略目标的实现提供保障。在进行管理信息系统的规划时应当强调管理信息系统的战略规划与组织本身的战略规划之间的协调，使得管理信息系统的战略规划与组织本身的发展战略保持一致。

（2）信息系统规划与流程相互作用。管理信息系统的建设应该面向顾客、面向不断变化的作业流程。此外，通过面向流程的信息系统的规划驱动组织的业务流程再造。

（3）选择合适的流程再造类型，并进行正确的定位。流程再造的推行按深度和广度可分为四种类型，即局部的流程再造、全部的流程再造、扩散性的流程再造和全局的流程再造。四种流程再造的类型给企业带来的效益有所不同，也影响了面向流程的信息系统规划的广度与深度。选择合适的流程再造的类型，进行正确的定位对于企业的再造，对于企业的信息系统规划都有及其重要的意义。

（4）把核心业务流程作为再造的起点，进行扩展。因为核心业务流程对企业效益的影响很大，所以用权重选择法先确定核心业务流程，然后向新的业务流程扩展。为信息系统的科学规划与实施奠定基础。

（5）在流程规划的基础上进行系统的数据规划与功能规划。在业务流程规范化后，就可以识别和掌握管理信息系统建设过程中的相关数据。在数据类和业务流程了解后，再对它们的关系进行综述，如企业系统规划法，利用 U／C 矩阵定义系统的总体结构，并进行功能规划。

3.3.5 实例介绍——某型装备器材保障模式

1. 某型装备器材保障模式

某型装备器材保障采用多级保障体制，每级保障体制中均设有仓库作为本级装备器材周转、储存的实物管理机构。实行计划基础之上的下级申请、上级供应的模式。器材保障需逐级申请，经层层审批，逐级供应后，才能到达使用部队。

某型装备器材保障流程主要包括筹措、储存、供应等。筹措就是器材主管部门，通过各种形式和渠道，有组织、有计划、有选择地进行申请、采购、订货、生产等系列筹集器材的活动。储存由各级仓库共同完成。供应一般是以部队装备维修的实际需要和合理的储备量为基础，经与器材资源量综合平衡后，按计划下达实施供应的。综合起来，某型装备器材保障流程如图 3－6 所示。

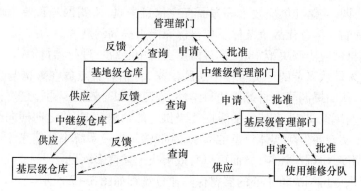

图 3－6　某型装备器材保障流程

2. 某型装备器材保障模式存在问题分析

上述某型装备器材保障模式，随着信息时代的军事变革，逐渐暴露出许多问题。

1）供应环节多、周期长,需求响应慢

（1）由于器材申请是逐级进行的,导致申请环节过多,信息传递不畅,需求放大效应存在;同时由于不能建立有效的调剂供应机制,导致库存积压严重,存储及管理费用过高。

（2）由于业务流程过于繁杂,导致响应速度慢,供应周期过长。基层部队从提出需求到获得上级的器材补充往往需要一个月时间,而这种需求反馈到生产厂家往往是半年甚至一年的时间。

（3）由于装备使用环境、条件、训练强度发生的变化,部队还不能及时掌握器材,特别是新型装备器材的耗损规律,导致申请计划与器材的实际需求不符。

2）信息化集成度低,信息共享性差

装备器材保障信息化集成度低,信息不能共享,导致工作效率低下。近年来尽管某型装备器材保障建设有了较大的提高,但是就总体而言,信息处理手段落后,供应保障信息网络还没有完全形成。很多单位仍是手工作业模式,器材的甄别、登记、入库、分发还是人工作业,器材的申请、补给依然采用年初预算请领、年终决算的方式,浪费了大量的人力、物力、财力;有的单位即使应用了信息系统,系统之间也大多不能实现数据的同步传输和信息资源共享,进而不能全面及时地掌握现有的装备保障资源,不能够实时动态反映出器材消耗的规律、质量情况,难以实现精确、高效保障。

3. 基于器材供应协调决策中心的某型装备器材保障模式

上述器材保障模式是一种由上至下逐次进行的串行业务流程,在信息化水平、管理协调、存储和供应效率等方面存在信息失真、协调困难和效率低下等弊端,已成为制约信息化战争条件下器材保障能力提高的瓶颈。为此,需要建立某型装备器材供应协调决策中心,依靠协调决策中心统一进行器材筹措和供应,可以使机关人员从繁杂的订货工作中解脱出来,将精力重点放在筹措与供应的科学计划上,从而提高了器材筹措的科学性、规范性和时效性。通过建立协调决策中心的协调决策,将改变传统的纵向逐级供应的物流模式,使之向横向网状供应模式转变,实现各保障实体信息的共享,并能够对保障系统中的信息流进行有效的计划、调度、协调与控制,从而可以有效解决上述诸多问题。

基于供应协调决策中心的器材保障业务流程如图 3-7 所示。

图 3-7 中,虚线代表信息流,实线代表物流,各级器材管理机构通过信息网络实现器材业务信息的上传下达,同时与生产工厂和各级仓库之间进行器材申请与调拨等信息交互,信息汇总至协调决策中心,协调决策中心经过分析处理,发出调拨信息,最终,通过第三方物流和部队输送两种方式实现器材保障资源在

72

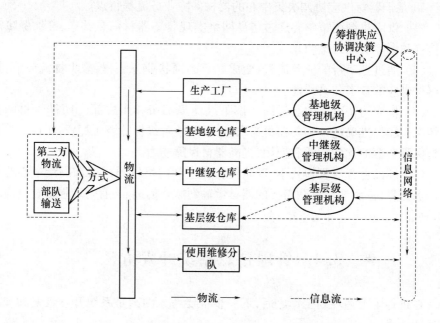

图 3-7　基于供应协调决策中心的器材保障业务流程

生产工厂、各级仓库到使用分队之间的物流;协调决策中心是装备器材保障物流体系运作的核心,在战略层次上总体规划装备保障业务,协调控制平战时装备保障,通过高速信息网络对装备保障的信息流进行收集处理、协调控制,实施装备保障指挥调度和协调决策等职能,并承担装备器材的筹措、供应任务。

供应协调决策中心的具体职能包括以下几方面:

(1)信息管理。器材供应协调决策中心通过适时掌握各级部队的需求,以及各级仓库的库存情况和消耗情况以及军工厂的生产情况,为器材管理部门提供筹措与供应的决策依据,同时适时监控各级仓库器材储存情况和库存控制水平。

(2)筹措管理。器材供应协调决策中心通过接收各级部门的器材申请计划,并依据各级部队的器材库存情况和年度训练任务,制定器材筹措订购计划,实施器材筹措工作。

(3)供应管理。器材供应协调决策中心通过统一计划、协调和组织器材的供应和调剂任务,负责某型器材筹措供应的结算,制定战略某型器材保障支援预案。

(4)协调控制。筹措供应协调决策中通过积极协调有关部门,落实年度订货合同,执行订货价格分析与审查、控制器材交货进度和质量等工作。

4. 基于器材供应协调决策中心的器材保障业务流程特点

（1）供应协调决策中心通过信息网络实现装备器材信息共享,确保保障需求信息和保障资源的透明。

（2）通过把串行的业务流程,变成并行的网状业务流程,减少物流环节,提高器材供应的效率和灵活性。

（3）供应协调决策中心适时了解下级保障部门和作战部(分)队器材的消耗情况,及时、准确地预测其器材需求,适时调整各级保障资源配置,实现对装备器材保障资源的优化配置和使用,提高器材保障能力。

（4）新的业务流程模式下,部队器材供应部门可以通过协调决策中心传递的需求信息,主动地将部队需要的器材运输到需要的地点,有效增强器材供应的主动性。

3.4　管理信息系统开发方法

在进行了上述规划工作之后,下一步将要考虑的则是系统开发策略和开发方法的选择。

3.4.1　管理信息系统开发策略

管理信息系统的开发策略主要有如下四种:

（1）接收式的开发策略。经过调查分析,认为用户对信息需求是正确的、完全的和固定的,现有的信息处理过程和方式也是科学的,这时可采用接收式的开发策略。即根据用户需求和现有状况直接设计编程,过渡到新系统。这种策略主要适用于主系统规模不大,信息和处理过程结构化程度高,用户和开发者又都很有经验的场合。

（2）直接式的开发策略。是指经调查分析后,即可确定用户需求和处理过程,且以后不会有大的变化,则系统的开发工作就可以按照某一种开发方法的工作流程(如结构化系统开发方法中系统开发生命周期的流程等),按部就班地走下去,直至最后完成开发任务。这种策略对开发者和用户要求都很高,要求在系统开发之前就完全调查清楚实际问题的所有状况和需求。

（3）迭代式的开发策略。是指当问题具有一定的复杂性和难度,一时不能完全确定时,就需要进行反复分析,反复设计,随时反馈信息,发现问题,修正开发过程的方法。这种策略一般花费较大,耗时较长,但对用户和开发者的要求较低。

（4）试验式的开发策略。是指当需求的不确定性很高时,一时无法制定具体的开发计划,则只能用反复试验的方式来做。原型法就是这种开发策略的典型代表。这种策略一般需要较高级的软件支撑环境,且对大型项目在使用上有一定的局限性。

3.4.2　管理信息系统生命周期

广义地看,任何系统均有其产生、发展、成熟、消亡或更新换代的过程。这个过程称为系统的生命周期(System Life Cycle)。系统生命周期的概念对于复杂系统的建设具有重要的指导意义。像管理信息系统这样复杂的系统,其建设工作是一项长期、艰巨的任务,从用户提出要求到系统集成,存在着一系列相互联系的工作环节。每个环节工作的好坏直接影响相关环节,进而影响整个系统建设的质量与进程。因此,正确认识系统的发展规律,合理划分系统建设的工作阶段,了解不同阶段的特点和相互关系,系统建设工作才会有合理的组织和科学的秩序。

管理信息系统的生命周期,可以分为以下几个阶段。

1. 系统规划

这是管理信息系统的起始阶段。这一阶段的主要任务是:根据组织的整体目标和发展战略,确定管理信息系统的发展战略,进行业务流程规划,明确组织总的信息需求,制定信息系统建设总计划,并根据需求的轻、重、缓、急程度及资源和应用环境的约束,把规划的系统建设内容分解成若干开发项目,分期分批进行系统开发。

2. 系统开发

这一阶段是根据系统规划阶段确定的拟建系统总体方案和开发项目的安排,分期分批进行系统开发的阶段。每个项目的开发工作一般是整个系统的一个或几个子系统的建立,因而一个项目的开发也是一个复杂的系统工程。从项目开发开始到结束的整个过程,称为系统开发的生命周期。

系统开发的生命周期一般分为以下几个阶段:

(1)系统分析。这一阶段的主要任务是明确用户的信息需求,提出新系统的逻辑方案。

(2)系统设计。这一阶段的主要任务是根据新系统的逻辑方案进行软、硬件系统的设计。

(3)系统实施。这一阶段是将前一阶段的设计方案付诸实施。

3. 系统运行与维护

系统开发完成后即投入运行。一般说来,这是系统生命周期中历时最久的阶段,也是信息系统实现其功能,发挥其效益的阶段。科学的组织与管理是系统正常运行的必要条件,及时完善的系统维护是系统正常运行的基本保证。随着组织的内外环境、信息需求目标等的变化,当现有系统或系统的某些主要部分已经不能通过局部维护调整来适应变化时,则整个信息系统或子系统就要被淘汰,用户将会进一步提出开发新系统的要求,这标志着老系统生命的结束,新系统的诞生。这个全过程就是管理信息系统的生命周期。

基于管理信息系统生命周期概念的开发方法很多,主要的有结构化系统开发方法、原型法和面向对象开发方法等。

3.4.3 结构化系统开发方法

1. 基本思想

结构化系统开发方法(Structured System Development Methodology)的基本思想是:用系统工程的思想和工程化的方法,按用户至上的原则,结构化、模块化、自顶向下地对系统进行分析与设计,如图 3 - 8 所示。具体来说,就是先将整个信息系统开发过程划分出若干个相对独立的阶段,如系统规划、系统分析、系统设计、系统实施等。在前三个阶段坚持自顶向下地对系统进行结构化划分。在系统调查或理顺管理业务时,应从最顶层的管理业务入手,逐步深入至最基层。在系统分析,提出新系统方案和系统设计时,应从宏观整体考虑入手,先考虑系统整体的优化,然后再考虑局部的优化问题。在系统实施阶段,则应坚持自底向上地逐步实施。也就是说,组织人力从最基层的模块做起(编程),然后按照系统设计的结构,将模块一个个拼接到一起进行调试,自底向上、逐渐地构成整体系统。

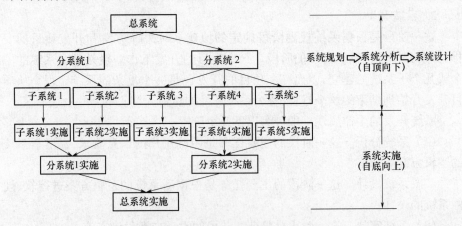

图 3 - 8 结构化系统开发方法示意图

2. 结构化开发方法的特点

(1) 自顶向下整体性的分析与设计和自底向上逐步实施的系统开发过程。

76

即在系统分析与设计时要从整体全局考虑,要自顶向下地工作(从全局到局部,从领导到普通管理者);而在系统实现时,则要根据设计的要求先编制一个个具体的功能模块,然后自底向上逐步实现整个系统。

（2）用户至上。用户对系统开发的成败是至关重要的,故在系统开发过程中要面向用户,充分了解用户的需求和愿望。

（3）深入调查研究。即强调在设计系统之前,深入实际单位,详细地调查研究,努力弄清实际业务处理过程的每一个细节,然后分析研究,制定出科学合理的新系统设计方案。

（4）严格区分工作阶段。把整个系统开发过程划分为系统分析、系统设计、系统实施三个工作阶段,每个阶段都有其明确的任务和目标,以便于计划和控制进度,有条不紊地协调各方面的工作。在实际开发过程中要求严格按照划分的工作阶段,一步步地展开工作,如遇到较小、较简单的问题,可跳过某些步骤,但不可打乱或颠倒。也就是说,在完成了前一阶段的工作之后才能去做后一阶段工作,后一阶段工作开始了之后,一般情况下不能去修改前一阶段工作。

（5）充分预料可能发生的变化。结构化开发方法强调整个工作的次序性,要求有计划性地完成一系列工作,因此需要排斥整个工作过程中的不确定性,因为不确定性会带来反复。所以,应用这种方法需要深入调查研究,并充分预料可能发生的变化。

（6）开发过程工程化。要求开发过程的每一步都按工程标准规范化,文档资料也要标准化。

3. 结论

结构化系统开发方法是在对传统的自发的系统开发方法批判的基础上,通过很多学者的不断探索和努力,而建立起来的一种系统性方法。这种方法的突出优点就是它强调系统开发过程的整体性和全局性,强调在整体优化的前提下来考虑具体的分析设计问题,即自顶向下的观点。它强调的另一个观点是严格地区分开发阶段,强调一步一步地严格地进行系统分析和设计,每一步工作都及时地总结,发现问题及时地反馈和纠正。这种方法避免了开发过程的混乱状态,是一种目前广泛被采用的系统开发方法。

但是,随着时间的推移,这种开发方法也逐渐地暴露出了很多缺点和不足。最突出的表现是它的起点太低,所使用的工具(主要是手工绘制各种各样的分析设计图表)落后,致使系统开发周期过长,带来了一系列的问题(如在这段漫长的开发周期中,原来所了解的情况可能发生较多的变化等)。另外,这种方法要求系统开发者在调查中就充分地掌握用户需求、管理状况以及预见可能发生的变化,这不大符合人们循序渐进地认识事物的规律性,因此在实际工作中实施有一定的困难。

3.4.4　原型方法

1. 基本思想

原型法是 20 世纪 80 年代随着计算机软件技术的发展,特别是在关系数据库系统、第四代程序生成语言和各种系统开发生成环境产生的基础之上,提出的一种从设计思想到工具、手段都全新的系统开发方法。与前面的结构化方法相比,它扬弃了那种一步步周密细致地调查分析,然后逐步整理出文字档案,最后才能让用户看到结果的繁琐作法。原型法一开始就凭借着系统开发人员对用户要求的理解,在强有力的软件环境支持下,给出一个实实在在的系统原型,然后与用户反复协商修改,最终形成实际系统。

2. 原型法工作流程

原型法既可以作为结构化开发方法的补充而部分地使用,也可以单独使用。该方法的工作流程如图 3 - 9 所示。

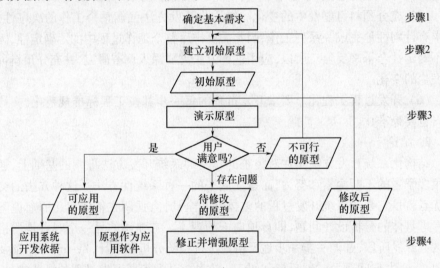

图 3 - 9　原型法的工作流程

首先,开发人员与用户进行交流,确定用户的基本需求,并利用快速生成软件工具,迅速建立一个初始的原型。演示原型,以确定原型满足其需求的程度。若建立的原型完全与用户的需求完全不符,称之为不可行原型,需要重新定义用户需求并建立新的原型。一般情况下,建立的原型需要根据用户的需求不断修改,直到用户满意为止。用户满意的原型称为可应用的原型。根据开发原型系统的目的,可应用的原型或者作为实际应用系统的开发依据,或者作为最终的应用软件投入使用。

3. 原型法的特点

（1）从认识论的角度来看,原型法更多地遵循了人们认识事物的规律,因而更容易为人们所普遍接受,这主要表现在以下几点：

① 人们认识任何事物都不可能一次就完全了解,并把工作做得尽善尽美。

② 认识和学习的过程都是循序渐进的。

③ 人们对于事物的描述,往往都是受环境的启发而不断完善的。

④ 人们批评一个已有的事物,要比空洞地描述自己的设想容易得多,改进一些事物要比创造一些事物容易得多。

（2）原型法将模拟的手段引入系统分析的初期阶段,沟通了人们的思想,缩短了用户和系统分析人员之间的隔离,解决了结构化方法中最难以解决的一环。这主要表现在以下几点：

① 所有问题的讨论都是围绕某一个确定原型而进行的,彼此之间不存在误解和答非所问的可能性,为准确认识问题创造了条件。

② 有了原型后才能启发人们对原来想不起来、难发掘或不易准确描述的问题有一个比较确切的描述。

③ 能够及早暴露出系统实现后存在的一些问题,促使人们在系统实现之前就加以解决。

（3）充分利用了最新的软件工具,摆脱了老一套工作方法,使系统开发的时间、费用大大地减少了,效率、技术等方面都大大地提高了。

4. 支持环境与适用范围

一般认为原型法所需要的软件支撑环境主要有以下几种：

（1）一个方便灵活的关系数据库系统(RDBS)。

（2）一个与 RDBS 相对应的、方便灵活的数据字典,它具有存储所有实体的功能。

（3）一套与 RDBS 相对应的快速查询系统,能支持任意非过程化的(即交互定义方式)组合条件的查询。

（4）一套高级的软件工具(如 4GLS 或信息系统开发生成环境等等),用以支持结构化程序,并且允许采用交互的方式迅速地进行书写和维护,产生任意程序语言的模块(即原型)。

（5）一个非过程化的报告或屏幕生成器,允许设计人员详细定义报告或屏幕输出样本。

作为一种具体的开发方法,原型法不是万能的,有其一定的适用范围和局限性。这主要表现在以下几方面：

（1）对于一个大型的系统,如果不经过系统分析来进行整体性划分,想要直接用屏幕来一个一个地模拟是很困难的。

（2）对于大量运算的、逻辑性较强的程序模块,原型方法很难为造出模型来供人评价、因为这类问题没有那么多的交互方式(如果有现成的数据或逻辑计算软件包,则情况例外),很难把问题说清楚。

（3）对于原基础管理不善、信息处理过程混乱的问题,使用有一定的困难。首先是由于对象工作过程不清,构造原型有一定困难;其次是由于基础管理不好,没有科学合理的方法可依,系统开发容易走上机械地模拟原来手工系统的轨道。

（4）由于原型法不经过系统分析,因此整个系统没有一个完整的概念,各子系统之间的接口不明确,系统开发的文档无法统一,容易给以后的维护带来困难。

5. 结论

原型法是在信息系统研制过程中的一种简单的模拟方法,与最早人们不经分析直接编程时代以及结构化系统开发时代相比,它是人类认识信息系统开发规律道路上的"否定之否定"。它在现有起点的基础之上,借助于新一代的软件工具,螺旋式地上升到了一个新的更高的起点,它扬弃了结构化系统开发方法的某些繁琐细节,继承了其合理的内核,是对结构化开发方法的发展和补充。这种相互补充、相互促进的系统开发方式将会是今后信息系统或软件工程中所使用的主要方法。

3.4.5 面向对象方法

1. 面向对象方法(Object Oriented Method,OO 方法)的基本思想

客观世界可以看成由许多不同种类的对象构成,每个对象都有各自的内部状态和运动规律,不同对象之间的相互联系和相互作用就构成了完整的客观世界。面向对象就是指人类从上述这种客观事物组织结构的角度认识客观世界并模拟客观世界的一种方法。

因此,面向对象方法的基本思想就是:从面向对象观点出发,以应用领域的问题对象为着眼点,用直观的方式描述和构造应用领域的内部结构及外部联系,将应用领域的空间模型平滑自然地过渡到面向对象的系统模型,使系统开发过程与人们认识客观世界的过程保持最大限度的一致。

由于客观世界就是由各种各样对象所组成,它揭示了事物的本质,无论组织的管理模式怎样变化,组织中的对象基本都是不变的,因此,以对象为核心构造出来的软件系统稳定性强,不容易被周围环境(物理环境和管理模式)的变化以

及用户没完没了的需求变化所左右。

2. 面向对象方法的基本概念

1）对象（Object）

对象是现实世界的某一事物，即可以看到、摸到或感觉到的一种实体。在系统分析员的眼中，对象是由一组属性（或叫数据）和施加于这些属性之上的一组方法（或叫操作）封闭而成的，构成对象的基本要素如下：

（1）标识。对象的名称。

（2）属性。对象某一方面的性质或状态。

（3）方法。对象的行为。

例如，某一学生是对象，他的属性有学号、性别、年龄、年级等，他的行为有选课、考试等。

2）类（Class）

类是某一类相似对象的集合，它规定了这些相似对象的公共属性和行为。反过来说，对象是类的一个具体实例。例如，王芳是一名学生，学生就是一个类，王芳作为具体对象，是学生类的实例。

3）消息（Message）

对象是问题域中的实体，但并不是一个孤立的事物。一个系统一定是由若干相互关联的一组对象组成的，并通过对象之间的相互联系共同来完成问题求解。消息就是用来请求对象执行某个处理或回答某些信息的要求，简单地说，对象之间进行通信的数据就叫消息。消息既可以是数据流，又可以是控制流。

4）继承（Inheritance）

在面向对象系统中，可以由类产生对象，还可以由已知类定义其他类，而这些都要靠面向对象技术中特有的继承机制得以实现。

实际应用中，事物分类很难一蹴而就，往往要先进行粗分类，然后进一步细分，最终使类相互联系而形成完整系统的有机机制。继承就是指一个类（即称子类）因承袭而具有另一个类（或称父类）的能力和特征的机制或关系。

综上所述，面向对象就是一种认识客观世界的认知方法学。系统开发方法学中的面向对象方法就是将这种认识客观世界的认知方法应用到管理信息系统开发这个问题域中。在开发中将焦点放在问题域的构成成分——对象上，将对象作为需求分析和系统设计的核心或主体，把整个问题域抽象成为相互通信的一组对象（类）集合，通过分析关系将各种类联系起来。这种方法描述的现实世界模型贴切合理，符合人们认识世界的思维方式。

3. 面向对象方法的开发过程

面向对象方法的系统开发过程可以分为面向对象分析（OOA）、面向对象设计(OOD)和面向对象编程(OOP)三个过程。

1）面向对象分析

面向对象分析的基本任务是对问题域进行分析,找出系统中的对象(类)、对象的属性和方法、对象间的关系等,并依据这些对象及关系建立问题域模型。具体地说,可以分为如下几个步骤:

（1）问题域陈述。通过与用户不断交流,开发人员能够加深对问题领域的认识,经过讨论、修改与补充,逐步明确与具体化,获得对问题域详尽的陈述。

（2）识别对象(类)。在系统分析阶段识别的主要是实体对象。开发人员首先从已得到的问题陈述入手,在此基础上反复对用户业务流程进行调查,研究各种文字图表资料,获得对问题空间的深层理解。

（3）确定对象的属性和方法。确定属性要在保证最大稳定性和模型一致性的基础上,从原子概念的层次上标识属性。并随着属性的增加,需要重新修订对象。定义方法的核心内容就是为每个对象和类定义各种行为。方法的具体内容或算法留待设计阶段解决。

（4）确定对象(类)的关系。定义对象(类)的属性和方法后,接下来就要从问题域内各式各样的关系中,确定对象之间的关系,包括对象间的静态联系和动态联系。静态联系主要是继承关系、整体－部分关系(或称聚集关系)和消息连接关系(即调用关系)。

分析完各类关系后,就要形成对象(类)结构图,作为分析阶段的成果——面向对象分析模型。

2）面向对象设计

面向对象设计阶段要解决的问题是如何把分析阶段确定出来的对象和类配置起来以实现系统功能,并建立系统体系结构。具体任务有以下几项:

（1）对实体对象进行增、并、改,并识别接口对象和控制对象。

（2）确定实体对象、接口对象和控制对象之间的各种关系。

（3）完善对象(类)结构图,组织系统的体系结构。

3）面向对象编程

前两个阶段结束时,系统的体系结构已完善,包括用什么样的用户接口以及数据库存取的管理等方面的战略决策,系统的对象(类)结构图和类间的动态连接、控制、约束等亦趋于完善,系统开发将过渡到实施阶段。面向对象编程的一个基本特征,就是与上一阶段的平滑过渡,对计算机的体系结构和支撑软件系统没有突变的要求,因而具有明显的优势。

4. 面向对象开发方法的优缺点

传统的系统开发方法(如结构化方法),在系统分析阶段,对问题域的认识和描述不是以固有的事物作为基本单位,而是以功能为中心展开描述,最后将问题空间映射成数据流图。因此它不能直接映射问题域,会有理解偏差。而在系统分析与设计的转换阶段,又是将数据流图转换成 E-R 图和模块结构图,并且这个转换并不存在一个可靠的转换规则,带有人为的随意性。经过了这样两次扭曲,最后的设计文档可能已与问题域的本来面貌相差很远了。

面向对象方法则具有它天然的优势。在系统分析阶段,直接针对问题域中客观存在的各项事物设立对象。问题域中有哪些值得考虑的事物,就设立哪些对象。并找出属性和方法,及对象之间的各种联系,从而构建整个系统。这样构建的系统没有经过扭曲和转换,能够很好地映射问题域。在软件系统的开发中,需求是会经常变化的,当需求变化时,系统中最容易变化的就是功能部分,其次是接口和数据,最稳定的是对象。OOA 以最稳定的对象为主要分析对象,对需求变化比较有弹性,这也得益于面向对象方法中的封装原则。系统设计阶段是直接在 OOA 结果的基础上,对对象类进行物理方面的设计,如人机界面、数据存储等。因此,分析与设计之间不存在转换,只有很局部的修改或调整。

但是,在开发大型的管理信息系统时,面向对象方法也有其不足的一面。开发中如果不经自顶向下的整体划分,一开始就自底向上的采用面向对象方法开发系统,同样也会造成系统结构不合理、各部分关系失调等问题。所以面向对象方法和结构化方法目前仍是两种在系统开发领域相互依存的、不可替代的方法。

3.4.6　面向对象开发方法的建模工具——UML

面向对象方法出现于 20 世纪 70 年代中期,并在 80 年代末期开始得到了长足的发展,从不到 10 个增加到 50 多个,其中最流行的方法如 OMT 方法、Booch 方法和 OOSE 方法,这些不同的面向对象方法具有不同的建模符号体系,各自对建模过程的基本概念、步骤以及各环节、各项工作的结果进行了详细的表述,它们各有优劣,用户很难找到一个完全满足自己要求的建模语言。另外,由于采用不同的建模语言,极大地妨碍了软件设计人员、开发人员和用户之间的彼此交流。因此,有必要在分析、比较不同的建模语言以及总结面向对象技术应用实践的基础上,博采众长,建立一个标准的、统一的建模语言。

统一建模语言(Unified Modeling Language,UML)的诞生结束了符号方面的混乱。UML 统一了 Booch 方法、OMT 方法、OOSE 方法的符号,并采纳了其他面向对象方法的许多好的概念,代表了面向对象软件开发技术的发展方向。

3.4.6.1　UML 的基本概念

UML 是一种可视化的图形建模语言,这种语言是为了统一面向对象建模的基本概念、术语、符号、图形及建模过程中间结果与最终建模结果的描述方式,以便于人与人之间以及人与机器之间的交流。UML综合了现有面向对象技术和系统开发经验、方法中的新思想、新方法、新技术,不仅可以支持面向对象的分析与设计,更重要的是能够有力支持从需求分析开始的软件开发全过程。

这里,从以下几个方面来来对UML作进一步的解释。

(1)UML是一种可视化的图形建模语言。UML采用图形表示法,为面向对象的建模者提供了标准的图形符号及其用法规则。这样,一方面使系统的结构变得直观,易于理解;另一方面有利于建模者之间的交流,有利于软件的维护。

(2)UML是一种面向对象的建模语言,而不是一种面向对象的建模方法。UML是独立于过程的,就是说,这种建模语言并不只针对某种特定的过程,它可以适用于不同的建模过程,可以配合不同的过程指导构成不同的建模方法。

(3)UML用于建立系统的分析模型和设计模型,而不是用于编程,所以它是一种建模语言而不是一种编程语言。用UML建立的系统模型不是可执行程序,但是可以通过适当的软件工具,把模型的一部分语义转换成可执行程序。

(4)UML是一种已被对象管理组织(OMG)采纳的建模语言规范。由于OMG不是一个法定的标准化组织,所以在比较正规的场合和比较严格的上下文中,UML和其他被OMG采纳的规范一样,一般不称为"标准"而称为"规范";但是,UML是"事实上的标准",意思是,它虽然不是经过ISO或者某些国家的标准化组织批准的具有法律效力的标准,但是它已被行业组织及众多的企业、团体认可。

3.4.6.2　UML的表示符号

UML一共定义了10种基本模型图:用例图(Use Case Diagram)、类图(Class Diagram)、对象图(Object Diagram)、包图(Package Diagram)、状态图(State Diagram)、顺序图(Sequence Diagram)、合作图(Collaboration Diagram)、活动图(Activity Diagram)、组件图(Component Diagram)和配置图(Deployment Diagram)。其中,用例图用来描述系统的行为需求,类图(对象图)被用来规定问题域的词库,顺序图、合作图、状态图以及活动图规定了词库中的类和对象如何相互作用来完成规定的行为,最后组件图和配置图将这些逻辑蓝图转变成物理模型。

这10种图又可归结为三类:静态图、动态图和结构图,下面分别介绍。

1. 静态图

静态图描述了系统的结构和功能,包括用例图、类图、对象图和包图。

1)用例图

用例(Use Case)的概念来自Jacobson方法,它是对系统功能使用情况的一个文字描述序列,每个Use Case针对一项系统功能。用例图描述系统外部执行者与系统提供的用例之间的某种联系,具体地讲,用例图就是从外部执行者的角度来描述系统需要提供哪些功能,并指明这些功能的执行者。

在 UML 中用例表示为一个椭圆,执行者用类似人的图形表示,但执行者未必是人,执行者也可以是一个外界系统,该外界系统可能需要从当前系统中获取信息,与当前系统进行交互。在用例之间以及执行者与用例之间存在着类属、包含和扩充关系。其中类属关系表示子用例继承父用例的行为和含义,用带空心箭头的实线表示,箭头由子用例指向父用例;包含关系表示基用例(具有共享性功能的用例)和其他用例之间的关系,用带箭头的虚线表示;扩充关系用来说明可选的、只在特定条件下运行的行为,具有扩充关系的用例基于参与者的选择,可以运行几个不同的流,用带箭头的实线表示,如图 3 – 10 所示。

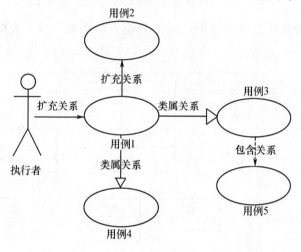

图 3 – 10 用例图

2) 类图

类图是面向对象系统建模最常用的图,它主要描述三个方面的内容:描述系统中所有反映问题域与系统责任的类;描述每一个类的内部特征,即属性和方法;描述各个类之间的关系,包括继承关系(一般、特殊结构)、聚合关系(整体 – 部分结构)、静态依赖关系(实例连接结构)和动态依赖关系(消息连接结构)。简言之,类图反映了一种面向对象方法看待物理世界的观点,是面向对象方法的核心,也是定义其他图的基础。类图描述的是一种静态关系,在系统的整个生命周期都是有效的。

在 UML 中,类表示为一个分成三个格子的长方形,最顶部的格子存放类名,下部两个可以省略,依次写上类的属性和方法;继承关系用带空心箭头的实线表示,箭头指向父元素;聚合关系用带空心菱形头的实线表示;静态依赖关系表示两个类之间存在的某种语义上的联系,用一条实线表示;动态依赖关系标识类之间发送消息,用带箭头的虚线表示,指向接收消息的类,如图 3 – 11 所示。

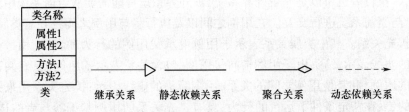

图 3 – 11　类图中各种元素的表示法

　　由这些符号联合组成的类之间的静态关系图就构成了类图,如图 3 – 12 所示。

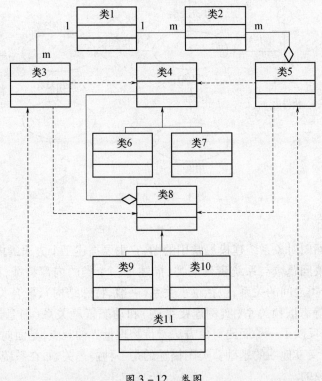

图 3 – 12　类图

3) 对象图

　　对象图是类图的一个实例,一张对象图表示的是与其对应的类图的一个具体实例。

4）包图

包是一种分组机制，它把 UML 模型元素中的许多类集合成一个更高层次的单位，形成一个高内聚、低耦合的类的集合。包图主要显示类的包以及这些包之间的依赖关系，有时还显示包和包之间的继承关系和组成关系，如图 3 - 13 所示。

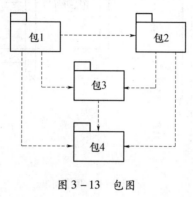

图 3 - 13　包图

2. 动态图

动态图描述了系统支持的对象类间相互作用的关系，包括顺序图、合作图、状态图和活动图。

1）顺序图

顺序图用来描述对象之间动态的交互关系，着重体现对象间消息传递的时间顺序。顺序图存在两个轴：水平轴表示不同的对象，垂直轴表示时间。垂直轴的虚线是对象的生命线，用于表示在某段时间内对象是存在的。对象间的通信通过在对象的生命线间画消息来表示。当收到消息时，接收对象立即开始执行活动，即对象被激活了。有的对象也可以在交互作用的过程中创建，这些对象的生命线就从接收创建该对象的消息开始，另外，这些对象也可能在交互作用过程中又被破坏，如果被破坏则生命线将在收到破坏该对象的消息时结束，并在生命线的终端标一个大"×"。例如，在图 3 - 14 中，对象 2 在收到消息 2 时被创建，在执行完操作时被破坏。

2）合作图

合作图用于描述相互合作的对象间的交互关系和连接关系。与顺序图的区别在于：顺序图着重体现交互的时间顺序，合作图则着重体现交互对象间的静态连接关系，如图 3 - 15 所示。

在绘制合作图时，首先将参与交互作用的对象放在图中，然后连接这些对象，并用对象发送和接收的消息来装饰这些连接。

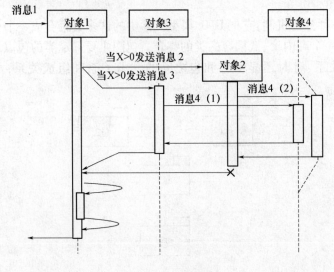

图 3 - 14 顺序图

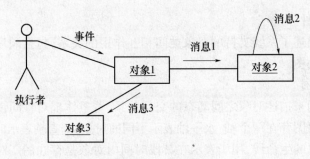

图 3 - 15 合作图

3）状态图

状态图描述了一个特定对象的所有可能状态以及引起状态跃迁的事件,如图 3 - 16 所示。所有对象都具有状态,状态是对象执行了一系列活动的结果。当某个事件发生后,对象的状态将发生变化。状态图中定义的状态有初始状态、最终状态、中间状态、复合状态,其中,初始状态是状态图的起点,而最终状态则是状态图的终点。一个状态图只能有一个初始状态,而最终状态则可以是多个。

状态图中状态之间带箭头的连线被称为跃迁。状态的跃迁通常由事件触发,此时应在跃迁上标出触发跃迁的事件表达式。如果跃迁上未标明事件,则表示在源状态的内部活动执行完毕后自动触发跃迁。

4）活动图

活动图描述系统中各种活动的执行过程。与状态图的主要区别在于:状态

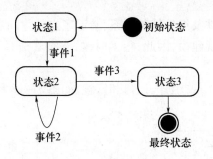

图 3 – 16　状态图

图描述的是对象响应事件的外部行为,活动图描述的是响应内部处理的对象的行为,着重表现从一个状态到另一个状态的流程。图 3 – 17 是一典型的活动图。

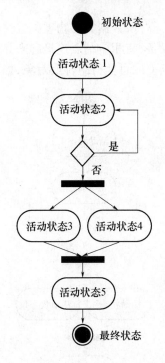

图 3 – 17　活动图

3. 结构图

结构图把系统的实现描述成运行和可执行的组件,用来为面向对象系统的物理方面建模。具体包括组件图和配置图。

1）组件图

组件图描述了组件及组件间的关系,表示了组件之间的组织和依赖关系,是用来为系统的静态实现建模,因此,很多时候,它被看成是着眼于系统组件的特殊的类图。

组件图包含下列元素:组件、接口和依赖,如图 3－18 所示。

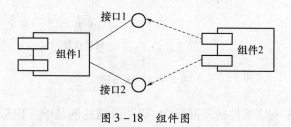

图 3－18　组件图

2）配置图

配置图描述系统中硬、软件、数据等的物理配置情况和系统体系结构。在配置图上,结点表示实际的设备,将相应结点连接起来并注明连接方式。在每个结点,还要说明分配给该结点上的可执行组件或对象,如图 3－19 所示。

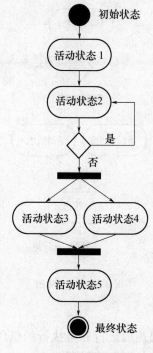

图 3－19　配置图

3.4.6.3　UML 在面向对象开发中的应用

UML 不仅为软件开发提供了标准的、统一的建模符号体系,结束了由不同符号体系的应用所带来的混乱,更重要地,它能够有力地支持从 OOA、OOD 到 OOP 的软件开发全过程。

面向对象分析的任务是描述需求,根据需求建立系统的静态模型和动态模型,以构造系统的整体结构。用 UML 来对 OOA 建模,首先,通过建立用例图来描述系统的功能需求,具体地,先找出系统的执行者,获取每个执行者的用例,从而绘制用例图;其次,通过建立类图和包图来描述系统的静态结构,具体地,通过分析问题域,定义类,定义类的属性和方法,定义类之间的各种联系,从而绘制类图(对象图),并进一步对类图中的元素进行分类,绘制包图;最后,通过绘制顺序图、合作图、状态图、活动图等动态图来描述系统的动态行为,构建系统的动态模型。

面向对象设计的任务是通过综合考虑所有的技术限制,扩充和细化分析阶段所产生的模型,从而确定一种易转化成代码的设计方案。也就是说,设计是分析的延续,仍然沿用 UML 中的同类图形,包括类图(对象图)、动态图等,只不过考虑到具体的实现技术,需要对原有的类图等进行更详尽的描述或增加新类以处理诸如数据库、用户接口、通信等问题。

面向对象实施是对类进行编程的过程,可以选择某种面向对象编程语言(如 Java)作为实现的软件环境,通过实现组件的方式来完成。在实施阶段,可以选取 UML 中的类图、动态图等来辅助编程。

3.4.7　计算机辅助开发方法

1. 计算机辅助开发方法的基本思想

计算机辅助开发(CASE)方法解决问题的基本思想:在前面所介绍的任何一种系统开发方法中,如果在系统需求调查之后,系统开发过程中的每一步都可以在一定程度上形成对应关系的话,那么就完全可以借助于专门研制的软件工具来实现上述一个个的系统开发过程。这种借助专门软件工具来支持系统开发全过程的方法就是 CASE 方法。

2. 计算机辅助开发(CASE)方法的概念

从上述基本思想可以看出,CASE 是一种自动化或半自动化的方法,能够全面支持除系统调查外的每一个开发步骤。严格地讲,CASE 只是一种开发环境而不是一种开发方法。

CASE(Computer – Aided Software Engineering)意为是计算机辅助软件工程,

是20世纪80年代末期从计算机辅助编程工具,4GLs(4th generation language)以及绘图工具发展而来的。早先的CASE是以工具和辅助开发环境的面貌出现,它以自动化的编程环境来取代原有的那些结构简单、功能较弱的开发工具。随着技术的发展和人们认识的加深,CASE逐渐从可进行各种需求分析、功能分析,生成各种结构化图表(如数据流图、结构图、实体/关系图、层次化功能图、矩阵图)等演变成为支持系统开发整个生命周期的大型综合系统,CASE的概念也从具体的工具发展成为一门方法学。

目前,CASE仍是一个发展中的概念,各种CASE软件也较多,没有统一的模式和标准。采用CASE工具进行系统开发,必须结合一种具体的开发方法,如结构化系统开发方法、原型法、面向对象方法等,CASE方法只是为具体的开发方法提供了支持每一过程的专门工具。因而,CASE工具实际上把原先由手工完成的开发过程转变为以自动化工具和支撑环境的自动化开发过程。

3. CASE方法的特点

CASE方法具有下列特点:

(1)解决了从客观对象到软件系统的直接映射问题,强有力地支持软件/信息系统开发的全过程。

(2)使结构化方法更加实用。

(3)使原型化方法和面向对象方法付诸于实施。

(4)自动检测的方法大大提高了软件的质量。

(5)简化了软件开发的管理和维护。

(6)加快了软件开发速度。

(7)能够自动生成开发过程中的各种软件文档,使开发者从繁杂的分析设计图表和程序编写工作中解放出来。

(8)使软件的各部分能重复使用。

思 考 题

1. 什么是系统开发方法?其特点是什么?
2. 系统开发方法都有哪些类型?
3. 系统开发的可行性研究包括哪些方面?
4. 系统开发的原则有哪些?
5. 结构化系统开发的基本思想是什么?有哪些特点?

6. 系统开发的生命周期包括哪些基本阶段？

7. 描述原型法的基本思想并说明其特点。

8. 说明面向对象的开发方法的基本思想和特点。

9. 说明 CASE 方法的基本思想。

10. 现要开发一个学员学籍管理系统，请对其进行可行性分析。

第4章 系统分析

4.1 概 述

　　系统的调查与分析简称系统分析,是装备管理信息系统开发工作的第一个阶段,也是最重要的一个环节。它的内容包括对现行管理系统的初步调查、可行性论证、详细调查以及在此基础上提出新系统的方案。其中,建立新系统的逻辑模型是本阶段的中心任务,而调查分析是本阶段的主要方法和技术。

　　建立系统的逻辑模型,就是根据现装备管理组织的具体情况,规定系统应该做什么,如何做。逻辑是与物理相对而言的,即从抽象的信息处理角度,看待系统应该具有怎样的功能,而不问这些功能用什么具体的技术去实现;因此,系统分析阶段也称为系统的逻辑设计阶段;根据结构化系统分析与设计的观点,系统调查与分析阶段的各项任务、工作流程和各步骤产生的主要文档表示在过程模型图中,如图4-1所示。

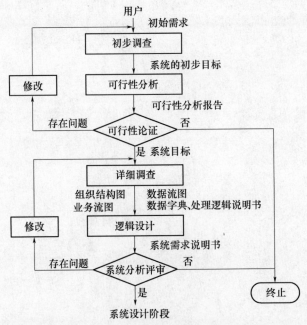

图4-1 系统调查与分析过程模型

4.2　初　步　调　查

　　系统的开发工作是从接受装备管理用户提出的需求开始的。用户最初提出的需求往往只是一个简单的初始需求,而且常常是罗列一些需要解决的问题。摆在开发人员面前的首要任务是对用户提出的要求做出一个准确的认识和估计。为此,必须在展开初步调查的基础上,明确问题以及对任务进行可行性分析。

4.2.1　调查的内容及目的

　　调查的重点是了解用户的现行组织和信息管理概况、它的资源情况与认识基础,以及与外部的关系等涉及项目的必要性、可行性等重要情况。调查的具体内容如下。

　　1. 组织概况

　　组织的规模、历史、性质、管理目标与模式、人力物力、设备和技术条件等。

　　2. 组织环境

　　其自然环境和社会环境,上下级关系,横向联系,特别是与外部组织的信息来往等。

　　3. 现行信息管理概况

　　现行管理信息系统的功能、技术水平、工作效率、可靠性、人才队伍及管理体制,现行系统在组织中的地位和作用以及存在问题等。

　　4. 关于认识的基础

　　组织内部对建立新系统的迫切性,领导的决心及管理人员和技术人员的积极性。

　　5. 资源情况

　　包括组织内部现有的人力物力、设备、财力与环境条件。能够投入新系统的人力、物力、资金、时间以及有什么限制条件等。

　　调查的目的是掌握用户的概况,明确新系统的初步目标,为可行性分析提供工作的基础。

4.2.2　调查的方式与方法

　　1. 发调查表

　　调查提纲的主要对象是组织内部的上层管理人员和主管领导,提纲要抓住中心,提问要简单、直接,要易于理解和回答。

2. 召开调查会

对于初步调查来说,召开由主管领导或上层管理人员介绍情况的调查会是一种好办法。可以通过介绍与询问的双向方式,更好地理解领导人的意图和决心,掌握用户的总体概况。

3. 访问

访问通常是针对具体管理业务的调研手段。为了掌握具体的信息和各种人员的态度,通过交谈的方式听取意见,同时也为今后开展工作建立良好的合作关系。

4. 实践体验

为了亲身体验组织和信息管理的情况。通过建立应用系统为目的的跟班学习,可以较深入地了解现行管理系统的各个环节和工作内容,对明确系统目标很有帮助。

例如,这里介绍一个用于了解各类人员对建立本单位管理信息系统的必要性和重点要解决的问题的调查表示例(表4-1)。

表4-1 一个调查表实例—中修机构生产管理信息系统建设调查表

序号	问 题	回答(选择或填空)
1	你在哪个业务部门	办公室、技术处、中队、坦修车间、机加车间、器材仓库
2	你的工作职责(职务)是什么	大队长、处长、中队长、工程师、技术员、修理工、保管员
3	你负责的信息处理或传输有哪些	年度修理计划、月修理计划、周工作计划、器材请领单据、消耗统计表、其他
4	你所在的部门与生产管理部门的关系怎样	A. 十分密切,我需要时刻了解修理工作的进展及需要; B. 比较密切,我定期从他们那里得到信息; C. 没有什么关系
5	你认为您所在部门应与维修管理部门有怎样的关系? 您认为怎样加强两部门之间的联系	
6	你认为在信息管理方面存在哪些问题	
7	你认为中修机构建立计算机管理信息系统有否必要	A. 很有必要; B. 有必要; C. 无必要; D. 可有可无
8	你认为建立生产管理信息系统主要应解决什么问题	

4.3　可行性分析

可行性分析也称可行性研究,是决策部门在采取一项重大改革或投资行动之前,对该项的必要性和可能性进行分析与论证的活动。可行性分析已被广泛应用于新产品开发、基建、工业企业、交通运输、商业设施等项目投资的多个领域。管理信息系统的开发是一项耗资多、周期长、风险性大的工程项目。在展开大规模的开发行动之前,必须对用户提出的目标的必要性和可能性进行必要的论证。

4.3.1　可行性研究

可行性是指在当前组织内外的具体条件下,建立新系统的工作是否具备必要的条件。它包括通常人们所说的必要性和可能性。必要性来自组织内部对建立系统的需要和组织外部的要求,一句话,就是有没有必要。例如,如果发现管理人员对信息的需求并不迫切,或者感到原信息系统没有更换的必要,那么,新系统的研制就不具备可行性。至于可能性引起的可行性问题,一般从以下四个方面上考虑。

1. 管理上的可行性

指管理人员对开发应用项目的态度和管理方面的条件。主管领导不支持的项目肯定不行。如果中高层管理人员的抵触情绪很大,就有必要等一等,积极做工作,创造条件。管理方面的条件主要指管理方法是否科学,相应管理制度改革的时机是否成熟,规章制度是否齐全以及原始数据是否正确等。

2. 技术方面的可行性

技术方面的可行性就是根据现有的技术条件所提出的要求能否达到,如计算机速度、容量等能否达到要求。一般来说,技术方面的可行性包括如下几个方面:

(1) 人员和技术力量的可行性。即有多少科技人员,其技术力量和开发能力如何,有没有系统开发的可行性,如果本单位没人,有没有同其他单位合作开发的可能性。

(2) 基础管理技术的可行性。即现有的管理基础、管理技术、统计手段等能否满足新系统开发的要求。

(3) 组织系统开发方案的可行性。即合理地组织人、财、物和技术力量并进行实施的技术可行性。

(4) 计算机硬件的可行性。包括各种外围设备、通信设备、计算机设备等的性能是否能满足系统开发的要求,以及这些设备的使用、维护及其充分发挥效益的可行性。

(5) 计算机软件的可行性。包括各种软件的功能能否满足系统开发的要求,软件系统是否安全可靠,本单位对使用、掌握这些软件技术的可行性。暂时不能被本单位开发人员掌握的技术,一般应视为不成熟或是没有可行性的技术。

(6) 环境条件以及运行技术方面的可行性。

3. 经济方面的可行性

经济方面的可行性主要是从组织的人力、财力、物力三方面来考查系统开发的可行性。如有多少资源可以利用,有多少资金可以投入,应该建立什么样规模的系统,资金分几批投入时投资效果最好等。另一个方面就是要研究系统开发后可能带来的经济效益。信息系统的经济效益有两个方面,一是直接效益,这是整个经济效益中很小的一部分;二是间接效益,它主要从系统运行的技术指标等方面来考虑,信息系统的间接效益常常是巨大的。

4.3.2 可行性分析报告

把可行性研究的结果整理成书面的形式,这就是可行性分析报告,其内容应包括以下几方面:

(1) 开发任务的提出,包括建立系统的背景、必要性和意义。

(2) 系统的目标,包括系统的名称、目标功能和开发的进度要求。

(3) 初步调查概况,包括用户的组织与现行系统概况,用户的认识基础和资源条件等。

(4) 初步实施方案与比较,包括系统的规模、组成和结构,投资的数量与来源,人力的投入与储训计划等。如果有几种方案的,应对它们进行比较,并提出选择的意见。

(5) 可行性研究,包括技术、经济和社会三方面的可行性分析。

(6) 结论,根据分析的结果,对新系统开发做出以下三种结论之一。

① 项目可行,条件成熟,可立即开始进行。

② 需要修改目标,追加资源或等待条件。

③ 不可能或没有必要进行,项目终止。

可行性分析报告是系统开发人员经过初步调查与可行性研究后所作的工作总结,反映了开发人员对建立新系统的看法,必须认真起草,并通过系统分析人员的集体讨论,然后提交上级主管部门。

4.3.3　可行性论证会

可行性分析报告提交上级主管部门以后,应召开由主管部门主持,用户单位、研制单位和其他单位的专家学者参加的可行性论证会。在会上,首先让系统分析人员或可行性分析小组的代表较详细的介绍和说明,然后让各方面的专家代表进行广泛的、深入的讨论和研究。特别应引导与会者对各种方案进行比较分析,对少数人的意见要给予重视,要充分估计各种可能出现的问题,只有这样,才能做出尽可能符合客观实际的判断。

讨论的结果有两种可能。一种是同意或基本同意报告中的结论,或立即执行,或修改目标、追加资源和等待条件,或取消研制项目。另一种是对报告持不同意见,对某些问题的判断有不同看法。如果不同点不影响整个问题的结论,那么可以把问题留待详细调查时解决,项目可以照常进行;如果影响整个问题的结论,那就要回过头去,重新进行调查分析,当然这时的调查就应着重于有不同意见的问题上。

可行性分析报告一旦通过,这个报告就不再只是系统开发人员自己的看法,而是整个组织的领导、管理人员和系统开发人员的共同认识了。这个文件不仅明确规定了系统开发工作要达到的目标、工作量和进度要求,而且规定了所需要的资源条件以及开发工作与各方面的关系。这样一个文件将成为以后工作的依据,因此,必须有一个正式的报告文本和可行性论证会的结论。

4.4　详细调查与分析

项目一旦认定之后,系统的开发就进入了实质性的阶段。后面的任务就是要对系统进行详细的调查,进而提出新系统的逻辑模型,以及对系统分析进行评审。

详细调查与初步调查不同,目的主要是了解组织内部信息的处理和流通情况。其工作量比初步调查要大得多,细致程度要高得多。因此,除了需要增加人力的投入之外,还要提倡深入调查研究的工作作风。

详细调查的重要性在于细致、准确地掌握用户信息处理的具体情况,为建立一个符合实际要求的逻辑模型以及顺利开展系统的设计与实现工作打下良好基础。

为了做好详细调查,合理地运用图表工具能够帮助分析人员有效地记录和整理调查所得的情况,有利于表达意见、统一思想。因此,在以后谈到详细调查的每一具体任务时,都会介绍一些常用的工具以及如何运用它们完成具体的调查任务。有人说,详细调查就是根据调查所得的材料,高质量地完成一批图表的制作,这是不无道理的。

详细调查主要包括组织结构调查、事务处理调查和信息流程的调查与分析。

4.4.1　组织结构及管理功能调查

组织结构是指组织内部的部门划分及它们的相互关系。通常可用组织结构图来表示。为了明确系统边界范围内的信息流情况,组织结构图中应重点画出与系统目标有关的部门和这些部门之间的各种流,那些与研制系统关系不大的,可以不画。总之,画组织结构图的目的,是如实地把系统边界以内的组织结构及其信息流情况描绘出来。因此,要切实地了解每一部门的工作实质,它们涉及哪些信息? 这些信息从哪里来? 要进行哪些加工处理? 最后又流向什么地方? 只要把调查工作做足做好了,图就容易画了。

例如,图4-2是某教练团中涉及装备器材出入库业务的各组织的组织结构图(该器材出入库实例将贯穿第4章、第5章的各个部分)。

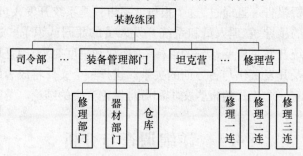

图4-2　某教练团组织结构图

在组织结构调查中,还应详细地了解各级组织的职能和有关人员的工作职责、决策内容以及存在问题等。例如,上述例子中装备管理部门的修理助理主管修理营的修理任务,器材助理主管器材的请领、年终决算数据上报等,各库房的保管员负责器材的日常出入库业务。

4.4.2　业务流程调查

1. 业务流程调查的内容及工具

详细调查的第二项工作,是了解组织内各部门从事信息处理的事务活动情况,掌握它们在事务处理过程中的具体业务流程。调查的内容包括以下几方面:

(1)部门的业务工作性质、内容和业务流程概况。

(2)部门内业务处理过程中各个环节的现状,包括目前采用的工作方式、工

100

作效率,以及有什么需要改进的地方。

(3)该部门的事务处理,有什么例外的业务发生,现行系统是怎样处理的。

(4)部门的事务处理有什么特殊的要求,如数量和时间上的极限值、保密性与环境要求等。

需要注意的是,业务流程的调查是横向的,它不是以组织结构为基础,而是以某项业务的整个流程为基础的,因此可能会跨越多个组织部门。

调查中用到的工具主要是业务流程图(Transaction Flow Diagram,TFD)。业务流程图用一些规定的符号及连线来表示某个具体业务处理过程,基本上是按照业务的实际处理步骤和过程绘制。利用它可以帮助分析人员找出业务流程中的不合理的流向,对于开发者理顺和优化业务过程很有帮助。业务流程图常用的表示符号如图4-3所示。

业务处理　　　业务处理　　　表格/报表　　　数据/文件　　　手动操作　　　信息传递
单位　　　　功能描述　　　　　　　　　　　存档　　　　　　　　　　　过程

图4-3　业务流程图的基本图形符号

2. 实例分析

以上述某教练团器材出入库管理系统中的出库管理流程为例,详细分析手工方式下出库的流程、存在的问题,以及在信息系统支持下的流程会有哪些改变。

1)手工方式下的出库流程

(1)装备处修理股的修理助理根据修理需求,填写器材请领单并交给器材助理,器材助理根据请领单开出库单,出库单样式如图4-4所示。

×××团器材出库单

领料单位:修理营修理×连　　　　　　　　　　　　　　　　　　　　　　库房号:×号库房

领料时间:×年×月×日

器材名称	规格型号	领料数量	备注
雾灯灯泡	35W/24V	5	
灯泡	25W	6	
胶管	$\phi = 40 \ L = 1200$	100	
螺栓	M6×12	20	
螺栓	M12×30	16	

领料人:×××　　　　　　　　　　　　　　　　　　　　　　　　　　　器材助理:×××

图4-4　出库单样式

101

需要说明的情况如下：

① 修理助理在开上述出库单时，并不填写器材的规格型号，因为在手工情况下他不可能记住所有器材的规格型号。

② 出库单是基于库房的，即一个库房一份出库单。

③ 器材助理开出的出库单共三联，其中第一联存根，第二联给修理股，第三联给库房保管员作为出库凭证。

（2）修理助理拿着第三联出库单到指定库房交给该库房保管员，保管员对照器材名称到特定区、架、位上找该项器材。每个货架的每个位上都有卡片，其中记录着该项器材的器材名称、规格型号及库存数量。保管员找到器材后就在出库单上领料数量旁边手工写上实际出库数量，这称为回填。如果该项器材的库存数量小于领料数量，则实际出库数量就是库存数量。同时将卡片上该项器材的规格型号填写在出库单上。还要转动卡片，改动货架上实物的库存量。最后将器材出库给修理助理。

（3）保管员对照出库单登记流水账和修改库存账。这里用到了一个重要的手工账本——库存台账。该台账以车型为单位，每一车型一本台账。台账中的每一页是一项器材的流水信息。库存名账样式如图 4-5 所示。

器材名称：×××　　　　　　　　　　　　　　　　　　　　　　　　规格型号：×××

日期	摘要	收入		支出		库存数量
		数量	金额	数量	金额	
2008-7-2	清库					50
2008-7-15	出库			5	250	45
2008-7-25	出库			6	300	39
2008-8-2	入库	12	600			51

图 4-5　库存台账样式

需要说明的情况如下：

① 每年要清库，清库之后换新台账，每一页中的第一行写上某器材清库后的现有库存量。

② 在登记台账时，需要对照出库单上器材的规格型号找到该项器材在台账中的位置。这也是为什么第二步中保管员要在出库单上填写规格型号的原因。

基于上述内容，绘制出手工方式下出库业务流程图如图 4-6 所示。

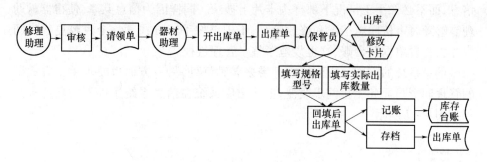

图 4-6　手工方式下出库业务流程图

2）对手工方式下出库流程的分析

通过进一步的调查分析,发现手工方式下的业务流程存在很多不便,这些不便还会造成其他一系列问题。

（1）随意性强,操作不规范。例如,回填时,保管员直接在纸质出库单上修改实际出库量,且手工抄录规格型号到纸质出库单上,容易出错;记台账时有的数据是需要计算的,易出错;在操作程序上,直接由保管员修改库存,没有经过器材助理,很不规范。

（2）查询统计不方便。信息都分散在各种单据上,没有集中管理,使得很多查询与统计无法进行。例如查询某库房所有器材的库存量、某项器材在哪些库房中存储、哪些器材的库存量小于临界库存量等。再如,信息的分散给记价统计、消耗规律统计等带来困难。

（3）手工方式下器材助理不了解器材库存情况,开出库单时带有盲目性,且对保管员的工作不能进行有效监督。

（4）纸质单据和台账不宜长期保存。

3）信息技术支持下的流程优化

上述问题能否通过信息系统的应用而得到解决呢?

信息系统最大的好处是使得各种信息能够统一集中管理,只有对信息资源进行统一集中管理,才能实现信息共享、信息透明,才能进行深层次的统计分析、寻找规律。

例如,当应用了分布式的器材出库管理系统后(用户包括器材助理和保管员,未纳入修理助理),器材基本信息、库存信息等都是共享的,这样器材助理在开出库单时,每录入一项器材的出库数量,系统就会自动检索它的库存量,一旦小于出库数量,就会有提示,这就保证了出库单上的器材数量一定是库存账上有的。另外,输入某项器材的器材代码,就能马上调出该项器材的规格型号等其他信息,而不必像手工情况下那样去卡片上抄录。同样因为信息共享,使得器材助理能够随时审核回填情况和修改库存,不用再像手工方式下一个月或更长时间内才去查看单据和台账,这也规范了整个管理过程。

信息系统的应用一方面给管理带来各种好处,另一方面也要求手工方式下的管理职责与业务流程同步改变,上述出库系统在信息系统条件下的新业务流程如图4-7所示。

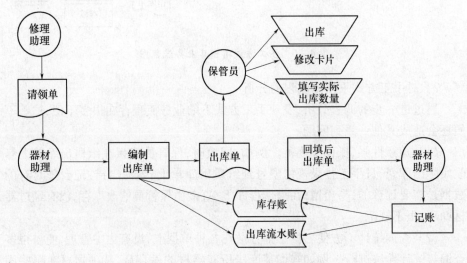

图4-7 优化后的出库业务流程图

绘制了新业务流图的同时,还应分析原始单据和账本是否齐全,以及现有的单据、账本上是否缺失信息项。例如,出库单上就应该将领料数量分解为两项:申请领料数量和实际领料数量;库存台账上也应该表明是哪个库房的台账。

需要注意的是,器材助理在开出库单时要预先记一下流水和修改一下库存。这是为了防止下列情况下库存数量的不一致:当上一个出库单还没有回填时,器材助理又开出了第二张出库单,且第一张出库单上的某些器材也出现在第二张出库单上。

4.4.3 信息流程的调查与分析

在业务流程调查过程中绘制的业务流程图虽然形象地表达了管理中的信息的流动和存储过程,但仍没有完全脱离一些人工的、物质的要素(如货物、产品等)。而管理信息系统主要是对信息进行管理,了解数据及信息的流动、处理与存储情况,因此还必须进一步舍去物质要素,收集有关信息资料,进行信息流程的调查与分析,并绘制出数据流图。

1. 信息流程调查的内容

信息流程调查的内容包括以下几方面：

（1）全面收集各类信息（数据）载体。例如各种单据、原始凭证、卡片、台账、报表等。了解和掌握它们的性质、作用、来源、产生的地点、时间和频率、份数、输出方式与去处等。

（2）了解这些载体的各项数据内容，它们的物理意义、结构（包括它们的名称、类型、长度和精度）、计算或逻辑处理算法以及载体的格式等。

（3）了解信息采集和输入前的预处理过程，人工或计算机处理的方式、方法和要求，掌握信息流动的过程。

（4）了解信息总量，明确信息存储的介质，信息的安全性、保密性要求和保留的时间期限等。

在信息流程的调查与分析中，数据流图、数据字典和各种处理逻辑表达工具起着重要的作用。下面我们首先介绍如何用数据流图来描述组织内部的信息流程。

2. 数据流图

数据流图（Data Flow Diaglam,DFD）是舍去物质、材料、资金等具体的流，从数据及信息的流动与存储情况描述系统信息流程的一种工具。由于它能精确地在逻辑上对新系统的数据处理功能、数据输入、输出和存储等给予描述，因而是描述信息系统逻辑模型的主要工具。数据流图具有抽象性和概括性。抽象性表现在它完全舍去了具体的物质，只剩下数据的流动、加工处理和存储；概括性表现在它可以把信息中的各种不同业务处理过程联系起来，形成一个整体。

3. 数据流图基本组成及符号

数据流图由以下四种基本成分组成：

（1）外部实体（外部项）。外部实体指本系统之外的人或单位，它们和本系统有信息传递关系。在绘制某一子系统的数据流图时，凡属于本子系统之外的人或单位，也都被列为外部实体。

（2）数据流。数据流表示流动着的数据，它可以是一项数据（如库存量），也可以是一组数据（如出库单），也可用来表示对数据文件的存储操作。通常在数据流符号的上方标明数据流的名称。

（3）处理功能。处理功能又称加工。它用一个长方形来表示处理逻辑，图形下部填写处理的名字（如开出库单），上部填写与该处理有惟一对应关系的标志（如 P1、P1.1）。

（4）数据存储。数据存储指通过数据文件、文件夹或账本等存储数据，用一个右边开口的长方形表示。图形右部填写存储的数据和数据集的名字，左边填入该数据存储的标志。

数据流图的符号如图4-8所示。

外部实体　　　数据流　　　处理　　　数据存储

图4-8　数据流图的符号

4. 数据流图绘制原则与绘制步骤

一般系统具体的数据处理很多,且关系错综复杂,不可能用一两张数据流图具体地描述整个系统的逻辑功能。因此,数据流图的绘制应按照"自顶向下,逐层分解"的原则进行。也就是将整个系统当作一个处理功能,画出它和周围外部实体的数据联系过程,即 个粗略的数据流图,然后逐层向下分解,直到最低层能够表达所有具体的数据加工和输入输出关系,这种方法提供了一条绘制数据流图的清晰思路和步骤,如图4-9所示。

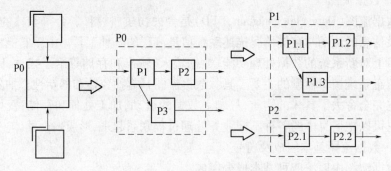

图4-9　数据流图绘制原则

按照上述绘制原则,总结数据流图的绘制步骤如下:

(1)确定所开发系统的外部实体(外部项),即系统的数据源和去处。

(2)确定整个系统的输出数据流和输入数据流,把系统作为一个加工环节,画出关联图。一般应把数据来源置于图的左侧,数据去处置于图的右侧。

(3)确定系统的主要信息处理功能,按此将整个系统分解成几个处理功能(子系统)。确定每个处理功能的输出与输入数据流以及与这些处理功能有关的数据存储。根据各个处理功能和数据存储以及输出与输入数据流的关系,将外部项、各处理功能、数据存储环节用数据流联结起来,为各数据流和各处理功能和数据存储环节命名、编号,这样就形成了所开发系统的数据流图顶层图(总图)的草图。

106

（4）根据自顶向下、逐层分解的原则,对上层图中全部或部分处理功能进行分解。将需要分解的上一层图的处理功能（子系统）分解成具有逻辑功能的数个处理功能,按上一步骤中的作法,对上层需要分解的处理功能画出分解数据流图草图。一般情况下,下层一张数据流图对应于其上层数据流图中的一个处理功能,在上层数据流图的处理功能需分解成下层处理功能的数量少时,下层一张数据流图亦可对应于上层图中一个以上的处理功能。

（5）重复步骤（4）,直到逐层分解结束。分解结束的标志是,对于每一个最低层的处理功能,即各层数据流图中不作进一步分解的处理功能,其逻辑功能已足够简单、明确和具体,可以用一张 A4 规格的纸写出清晰的说明。

（6）对草图进行检查和合理布局,主要检查分解是否恰当、彻底,DFD 中各成分是否有遗漏、重复、冲突之处,各层 DFD 及同层 DFD 之间关系是否正确及命名、编号是否确切、合理等,对错误与不当之处进行修改。

（7）和用户进行交流,在用户完全理解数据流图的内容的基础上征求用户的意见,和用户讨论的主要问题是:系统逻辑功能的设置和描述是否合理,能否满足用户的信息需求,数据流和数据存储的内容以及数据来源和去处（外部项）是否符合实际,描述是否准确、合理;用户在了解数据流图的全部内容后对系统逻辑功能有什么进一步的意见和要求。系统分析人员根据与用户讨论的结果对数据流图的草图进行修订。

（8）用计算机或其他制图、编辑工具画出正规的数据流图。

（9）将得到的数据流图提交系统分析负责人复审。若有修改之处,则组织人员修改,否则通过复审,数据流图绘制过程结束。

5. 实例分析

仍以上述某教练团器材出库管理为例,绘制器材出库过程的数据流图。

1）绘制关联图

因为数据流图是在业务流程图的基础上绘制的,所以先来分析优化后的业务流程图（图4-10）。

从业务流程图中可以看出,与系统打交道的人有器材助理和保管员,他们是外部实体。数据流图关联图如图4-11所示。

2）绘制顶层图

从业务流程图中还可以看出,整个业务过程可以划分为开出库单和记账两个子过程。因此,得到如图4-12所示数据流图的顶层图。

3）分解

以 P1 开出库单处理过程为例,该过程可进一步细分为查询库存、出库数据处理、打印出库单三个子过程。数据流图第一层分解图如图4-13所示。

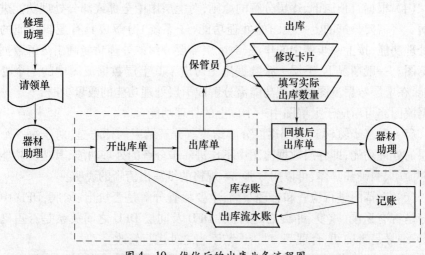

图 4 - 10　优化后的出库业务流程图

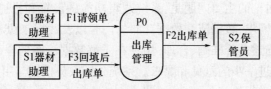

图 4 - 11　数据流图关联图

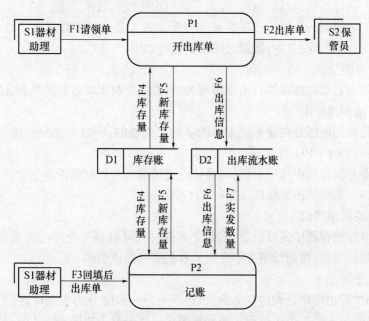

图 4 - 12　数据流图顶层图

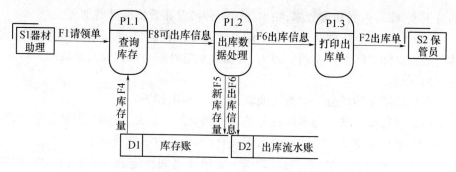

图 4 - 13　数据流图第一层分解图

6. 绘制数据流图的注意事项

1）关于层次的划分

逐层扩展的目的,是把一个复杂的功能逐步分解为若干个较为简单的功能。分解过程中要注意保持系统的完整性和一致性。究竟怎样划分层次,划分到什么程度,没有绝对的标准,但一般认为:

（1）展开的层次与管理层次一致,也可以划分得更细。处理块的分解要自然,注意功能的完整性。

（2）一个处理框经过展开,一般以分解为 4 个 ~ 10 个处理框为宜。

（3）最下层的处理过程用几句话,或者用几张判定表等能表达清楚,其工作量一个人能承担。若是计算机处理,一般不超过 100 个程序语句。

2）检查数据流图的正确性

对于一个系统的理解,不可能一开始完美无缺,总是要进行核对,逐步修改。通常可以从以下几个方面检查数据流图的正确性:

（1）父图与子图的平衡。下层图（子图）是上层图（父图）中某个处理功能的"放大"。因此,凡是与上层图中这个处理功能有关的外部实体、数据流、数据存储必须在下层图中反映出来。这是一种比较常见的错误,尤其是在对子图进行某些修改之后。父图与子图的关系,类似全图地图与分省地图的关系。在全图地图上标出主要的铁路、河流,在分省地图上标得则更详细,除了有全国地图上与该省相关的铁路、河流之外,还有一些次要的铁路、公路、河流等。

（2）数据守恒。也称为输入数据与输出数据匹配。数据不守恒有两种情况。一种是某个处理过程用以产生输出的数据,没有输入给这个处理过程,这肯定是遗漏了某些数据流。另一种是某些输入在处理过程中没有被使用,这不一定是一个错误,但产生这种情况的原因以及是否可以简化值得研究。

（3）在一套数据流图中的任何一个数据存储,必定有流入的数据流和流出

109

的数据流,即写数据和读数据,缺少任何一种都意味着遗漏某些加工。

(4) 任何一个数据流至少有一端是处理框。换言之,数据流不能在外部实体与数据存储之间直接流动。因为,数据流是指处理功能的输入或输出。

3) 命名

数据流图上的成分一般都要命名,命名的原则如下:

(1) 名称要反映被命名的成分的真实和全部的意义,不能只反映部分内容。

(2) 名称要意义明确,易理解,无歧异,不会造成错觉或混乱。

(3) 处理功能的名称一般以动词 + 宾语或名词性定语 + 动名词为宜,以明确反映信息处理的逻辑功能,其他成分的名称以名词或者名词性定语 + 名词为宜,形容词、副词、感叹词等一般不在命名中使用。

(4) 避免使用不反映实际内容的空洞词汇,如数据、信息、优化、计算、处理等词条。

(5) 进出数据存储环节的数据流如内容和存储环节的数据相同,可采用同一名称。

4) 编号

每个数据处理功能和每张数据流图都要有编号。按逐层分解的原则,父图与子图的编号要有一致性,一般子图的图号是父图上对应处理功能的编号。顶层图的图号为 P0,其中各处理功能按 P1、P2、P3、…顺序编号,P1 分解后按 P1. 1、P1. 2、P1. 3、…编号,依次类推。

数据流与存储环节也要进行编号,编号方法原则上与加工环节的编号方法相同。只是为避免混淆,可在数据流与数据存储编号的第一位数字前冠以不同的字符以示区别。例如,数据流编号冠以 F,数据存储编号冠以 D 和加工的编号。

如外部项较多,为便于分析、维护,也可在数据流图上进行编号。如外部项较少(7 个以内),可不在数据流图上编号。

7. 数据流图的局限性

数据流图从总体上描述系统的逻辑功能、系统各部分的信息联系以及与系统外各有关事物的联系,是系统逻辑模型的主要描述形式。数据流图清晰、明了,容易理解,使人对描述系统的逻辑功能和各部分的数据联系有一目了然的感觉,便于交流。但数据流图在描述系统逻辑功能和有关信息内容的细节方面仍存在较大的局限性。

(1) 难以在数据流图上标识出数据流、数据存储、加工和外部项的具体内容,如数据流的组成元素、数据存储的数据结构、存取要求、数据量、加工处理过程与算法等。

（2）不能反映系统中的决策与控制过程。

（3）难以对系统中人机交互过程以及信息的反馈与循环处理进行描述。

因此，在系统分析中，除了用数据流图描述系统逻辑模型外，还要辅以其他工具，如数据字典、结构化语言、决策表、决策树等。

4.4.4 数据字典

数据字典（Data Dictionary,DD）就是将数据流图上数据项、数据流、数据存储、处理功能和外部实体等的详细情况加以记录，并按照一定方式进行排列所形成的一部分关于数据的字典。这些属性的描述通常用一些特别设计的卡片来记载，相应地称为基本数据项卡片、数据流卡片和数据存储卡片、处理功能卡片和外部实体卡片。每张卡片记录着一个项的属性，而所有卡片汇总为一张索引清单。

1. 数据项的定义

数据项又称数据元素，是数据的最小单位。例如，表4-2为描述的图4-12中F3回填后出库单中的数据项器材代码的属性。

表4-2　数据项描述示例

系统名:出库管理 条目名:器材代码			编号:Y1 别名:		
所属数据流:F2,F3			存储处:D1,D2		
数据项结构: 类型:字符型　　长度:8 取值范围:00000001 ~ 99999999 取值含义:前三位表示类别,后五位是序列号					
简要说明:器材的唯一标识					
修改记录	编写	× × ×	日期	年　月　日	
	审核	× × ×	日期	年　月　日	

2. 数据流的定义

数据流由一个或一组固定的数据项组成。定义数据流时，不仅要说明数据流的名称、组成等，还应指明它的来源、去向和数据流量等。例如，表4-3描述的是图4-12中F1器材请领单数据流的属性。

表 4 – 3 数据流描述示例

系统名:出库管理			编号:F1		
条目名:请领单			别名:		
来源:S1 器材助理		去处:P1 开出库单			
数据流结构:{序号 + 领料单位 + 领料时间 + 器材名称 + 请领数量 + 备注}					
简要说明:根据器材请领单,器材助理来开出库单; 　　　　备注中注明是否较旧领新; 　　　　20 份/天 ~ 30 份/天,高峰 100 份/天					
修改记录	编写	×××	日期	年　月　日	
	审核	×××	日期	年　月　日	

再如,表 4 – 4 描述的是图 4 – 12 中 F2 出库单数据流的属性。

表 4 – 4 数据流描述示例

系统名:出库管理			编号:F2		
条目名:出库单			别名:		
来源:P1 开出库单		去处:S2 保管员			
数据流结构:{单据号 + 领料单位 + 领料时间 + 器材代码 + 器材名称 + 规格型号 + 单位 + 应发数量 + 　　　　实发数量 + 库房号 + 备注}					
简要说明:保管员出库依据					
修改记录	编写	×××	日期	年　月　日	
	审核	×××	日期	年　月　日	

再如,表 4 – 5 描述的是图 4 – 12 中 F3 回填后出库单数据流的属性。

表 4 – 5 数据流描述示例

系统名:出库管理			编号:F3		
条目名:回填后出库单			别名:		
来源: S1 器材助理		去处: P2 记账			
数据流结构:同 F2					
简要说明:保管员回填后的出库单。 　　　　数据内容与 F2 的差别是:保管员填写了实发数量和备注信息					
修改记录	编写	×××	日期	年　月　日	
	审核	×××	日期	年　月　日	

3. 数据存储的定义

数据存储主要描述数据流图中数据存储的结构。表 4 – 6 描述的是图 4 – 12 中 D2 出库流水账的属性。

表 4 – 6 数据存储描述示例

系统名:出库管理 条目名:出库流水账			编号:D2 别名:		
存储组织:每项器材每次出库为一条记录		记录数:约 100000	主键:单据号 + 库房号 + 器材代码		
记录组成:{单据号 + 库房号 + 器材代码 + 器材名称 + 规格型号 + 单位 + 应发数量 + 实发数量 + 领料 单位 + 领料时间 + 状态} 其中状态是标识出库执行的状态:0 – 未记账,1 – 已记账					
简要说明:存储器材的发放明细					
修改记录	编写	× × ×	日期	年　月　日	
	审核	× × ×	日期	年　月　日	

注意:比较表 4 – 3 ~ 表 4 – 6 中的细微区别。

4. 处理功能的定义

处理功能的定义仅对数据流图中最底层的处理逻辑加以说明。表 4 – 7 所列为图 4 – 12 中 P1 开出库单的属性。

表 4 – 7　处理功能描述示例

系统名:出库管理 条目名:开出库单			编号:P1 别名:		
输入数据流:F1,F4			输出数据流:F5,F2,F6		
加工逻辑: (1)查询库存,计算应发数量: 　　① 库存量≥请领数量:按请领数量登记。 　　② 请领数量 > 库存量 > 0:按库存量登记。 　　③ 库存量 = 0:此项器材不出库。 (2)不同库房的器材编制到不同的出库单中。 (3)形成的出库信息登记出库流水账。 (4)修改库存:新库存量 = 库存量 – 应发数量。 (5)打印出库单					
简要说明:在开出库单时预先修改库存					
修改记录	编写	× × ×	日期	年　月　日	
	审核	× × ×	日期	年　月　日	

再如,表 4 - 8 描述的是图 4 - 12 中 P2 记账的属性。

表 4 - 8　处理功能描述示例

系统名：出库管理			编号：P2		
条目名：记账			别名：		
输入数据流：F3,F6,F4			输出数据流：F5,F7		
加工逻辑： (1) 按回填的实发数量登记出库流水账； (2) 修改后库存量(新库存量) = 现有库存量 + (应发数量 - 实发数量)					
简要说明：登记单据实际发货情况,记账后的单据不可修改					
修改记录	编写	×××	日期	年　月　日	
	审核	×××	日期	年　月　日	

注意：比较表 4 - 7、表 4 - 8 中的区别。

在实际操作中,也有许多人喜欢用表的形式来描述。下面我们以给出一种常用的表格格式对数据流图 4 - 12 中的各元素进行描述,见表 4 - 9 ~ 表 4 - 12。

表 4 - 9　数据项表描述示例

编号	基本数据项名称	数据类型	长度	小数位数	取值范围	说　明
Y1	器材代码	C	8	/	/	前三位表示类别,后五位是序列号
Y2	规格型号	C	50	/	/	
Y3	器材名称	C	50	/	/	
Y4	单位	C	6	/	/	器材计量单位
Y5	领料单位	C	20	/	/	
Y6	领料时间	D	8	/	/	
Y7	请领数量	N	8	2	>0	
Y8	应发数量	N	8	2	>0	
Y9	实发数量	N	8	2	≥0	
Y10	单据号	C	8	/	/	年度 + 流水号
Y11	库房号	C	4	/	/	
Y12	现有库存	N	8	2	≥0	
Y13	备注	C	50	/	/	
Y14	状态	C	1	/	数字	

114

表 4-10 数据流表描述示例

编号	数据流名称	组 成	来源	去向	说 明
F1	请领单	序号 + Y5 + Y6 + Y3 + Y7 + Y13	S1	P1	以请领单为数据流载体
F2	出库单	Y1 + Y2 + Y3 + Y4 + Y5 + Y6 + Y8 + Y9 + Y10 + Y11	P1	S2	以出库单为数据流载体,是保管员出库依据
F3	回填后出库单	同 F2	S1	P2	保管员回填后的出库单; 与 F2 的差别是:保管员填写了实发数量和备注信息
F4	库存量	Y1 + Y11 + Y12	D1	P1、P2	从 D1 读出现有库存
F5	新库存量	同 F4	P1、P2	D1	经处理后更新了现有库存
F6	出库信息	Y1 + Y2 + Y3 + Y4 + Y5 + Y6 + Y8 + Y9 + Y10 + Y11	P1、D2	D2、P2	出库单数据存入到 D2 从 D2 读出库单数据
F7	实发数量	同 F6	P2	D2	按照回填的实发数量更新数据
F8	可出库信息	同 F2	P1.1	P1.2	符合条件的器材出库信息

表 4-11 数据存储表描述示例

编号	数据存储名称	组 成	索引关键字	记录增加方式	说 明
D1	库存账	Y1 + Y2 + Y3 + Y4 + Y11 + Y12	Y1 + Y11	新器材入库时追加记录	
D2	出库流水账	Y1 + Y2 + Y3 + Y4 + Y5 + Y6 + Y8 + Y9 + Y10 + Y11 + Y14	Y1 + Y10	按出入库的发生次序追加记录	Y14 标识出库执行的状态:0 - 未记账,1 - 已记账

表 4-12 处理功能表描述示例

编号	数据处理功能名称	输入	功能概括	输出	说 明
P1	开出库单	F1、F4	(1) 查询库存,计算应发数量; (2) 不同库房的器材编制到不同的出库单中; (3) 形成的出库信息登记出库流水账; (4) 修改库存; (5) 打印出库单	F5、F2、F6	在开出库单时预先修改库存

115

编号	数据处理功能名称	输入	功能概括	输出	说明
P2	记账	F3、F6、F4	（1）按回填的实发数量登记出库流水账；（2）修改后库存量（新库存量）＝现有库存量＋（应发数量－实发数量）	F5、F7	登记单据实际发货情况，记账后的单据不可修改

编写数据字典是系统开发的一项重要的基础工作。一旦建立,并按编号排序之后,就是一本可供查阅的关于数据的字典,从系统分析一直到系统设计和实施都要使用它。在数据字典的建立、修正和补充过程中,始终要注意保证数据的一致性和完整性。

数据字典可以用人工建立卡片的办法来管理,也可存储在计算机中用一个数据字典软件来管理。

4.4.5 描述处理逻辑的工具

1. 判断树

判断树又称决策树,是一种用二叉树形图来表示处理逻辑的工具。可以直观、清晰地表达加工的逻辑要求。特别适合于判断因素比较少,逻辑组合关系不复杂的情形。例如,可以用图 4-14 来描述图 4-13 中 P1.1 查询库存这个处理功能的处理过程。

图 4-14 判断树的例子——查询库存的处理过程

2. 判断表

判断表又称决策表,是用表格形式表达逻辑判断过程的一种工具。判断表共分四大部分,见表 4-13。判断表的编制,首先要明确加工的功能与目标,然后要识别影响决策的各项因素(条件),列出这些因素可能出现的状态,并制定出决策的规则。

116

表 4 – 13　判断表的组成

条件	状态
决策方案	决策规则

例如,上面查询库存的处理过程也可以用判断表表示(表4 – 14)。

表 4 – 14　判断表的例子——查询库存的处理过程

条件与加工　　　　　不同的条件组合	1	2	3	4
库存量≥出库量	Y	Y	N	N
库存量 >0	Y	N	Y	N
按请领数量登记流水账	√			
按库存量登记流水账			√	
不登记				√

判断表完整地描述了逻辑判断的条件和加工以及不同条件组合下的操作选择,是一种较严密的工具,特别适合于判断因素多,逻辑组合关系比较复杂的情形。

3. 结构化语言

结构化语言是一种表示处理逻辑的规范化语言工具。它模仿计算机语言的格式,使用 IF、THEN、ELSE、AND、OR 等词构成。逻辑判断及操作的选择均用结构严谨的语言予描述。这种方法比自然语言描述较为严格,而且更接近于程序说明。下面是用英语词汇结合汉语对查询库存的处理过程进行描述:

IF 库存量≥请领数量

　　按请领数量登记流水

ELSE

　　IF 库存量 <请领数量 且 库存量 >0

　　　　按库存量登记流水

　　ELSE

　　　　IF 库存量 <请领数量 且 库存量 =0

　　　　　　不登记流水

以上介绍的工具目的都是帮助把数据流图中的各项数据处理加以详细的描述。一方面,这种描述本身就是对功能的理解;另一方面,可以通过这些工具的运用,加强与用户的沟通,从而统一认识,增强理解。

4.5 建立新系统的逻辑模型

新系统的逻辑模型,从本质上说,是规定系统应该做什么,即系统的逻辑描述。它主要包括新系统的业务流程、数据流程以及对数据和功能的详细分析与描述。

从形式上看,新系统的逻辑模型与调查所得的现行系统的逻辑模型相比,变化并不大。可能只是在业务流程或数据流程的某些地方加以改进,或者是某些数据存储需要重新组织。然而,这些改变是经过深入调查和详细分析的结果,对建立新系统的逻辑模型意义深远。因此,从某种意义上说,建立新系统的逻辑模型就是在现行系统的调查和分析的基础上,了解系统的存在问题,对影响其效率的不合理因素做出修改,并最终形成新的逻辑方案。

对现行系统的分析和修改通常可以从如下几个方面上进行:

(1) 现行系统在整体功能上存在什么问题。例如,是否需要增删功能或调整子系统的划分等。通过分析,进一步明确新系统的目标,确定新系统的结构及其涉及的组织实体和业务范围。

(2) 业务流程中是否有缺少或多余的环节。对原系统没有但又必须的环节要增补,不必要的多余环节要删去,重复的环节则要合并。要理顺内部各个部门之间的业务关系,使业务流程更加科学、合理和讲求效率。

(3) 数据流程中是否有不合理的数据流向和数据存储结构。不合理的流向要修改,不必要的数据冗余要消除。要使数据完整、结构严谨、流向合理而且清晰。

(4) 数据处理功能是否需要修改或优化。例如,调整不合理的输入、输出和处理原则、优化算法等,目的是使数据处理功能符合系统目标的要求,做到准确和优化。

新的逻辑方案最后应归结为新系统的结构(子系统的划分)、业务流图、数据流图、数据字典和加工逻辑的描述,并以系统需求说明书的形式整理成立。

4.6   编写系统需求说明书与系统分析评审

系统需求说明书又称为逻辑设计说明书。由于它是系统调查与分析阶段的成果与工作总结,因而也有系统分析报告的说法。不管如何称呼它都应该反映出本阶段调查分析的全部情况,并且作为系统分析的最终结果——新系统的逻辑模型。

系统需求说明书应该包括以下的内容。

1. 现行系统情况简述

对现行系统的基本情况做出概括性的描述。包括它的组织结构、主要业务范围和业务流程，与外部的联系，存在的问题与薄弱环节，以及用户提出开发新系统的背景和条件等。

2. 新系统的目标

明确提出新系统的目标，拟采取的开发策略和方法，人力、资金的使用以及计划进度安排。对目标要尽量给予定量的描述，各项指标应该条理清楚。

3. 现行信息系统概况

以数据流图、数据字典和加工逻辑的描述为主体，结合必要的文字说明。概括地介绍现行信息系统的状况、特点与薄弱环节等。

4. 新系统的逻辑模型

指出为了达到新系统的目标而对现行信息系统需做的变更。一般情况下，应该提出多种方案，客观地列举出它们的区别和利弊以及开发人员的倾向性意见等。

系统需求说明书编写完后，系统调查与分析阶段就到了最后一个环节，对整个调查与分析的综合成果——系统需求说明书进行讨论，这就是通常所说的系统分析评审。

对系统需求说明书的讨论是整个系统研制工作过程的一个重要里程碑，它是在可行性论证之后，经过详细调查研究和分析讨论后，开发人员和用户领导与管理人员的又一次重要的工作会议。会议应吸收一些局外的系统分析专家参加。会议的主要议题包括以下内容：

（1）由分析人员向与会者报告系统需求说明书的内容。

（2）与会者对系统需求说明书展开讨论，重点是提出补充修改意见，确认新系统的目标、逻辑模型及对方案的选择。讨论的结果有三种可能。

① 系统需求说明书获得通过，项目可以进入设计阶段。

② 系统需求说明书有较大的漏洞，需要重新进行调查与分析，调整目标和逻辑模型，或者提出新的方案。

③ 发现项目的条件不具备，系统的逻辑模型难以实现，需要终止或暂缓项目。

不管出现哪一种结果，都应该给系统需求说明书写上评审意见，以便作为今后工作的依据。

（3）根据讨论的结果，确定下一步工作如何进行。

系统需求说明书一经讨论确定并被认可以后,就将成为具有约束力的指导性文件,成为下一阶段系统设计工作的依据以及项目验收的依照文件之一。至此,系统调查与分析阶段宣告结束,开发工作进入系统设计阶段。

4.7 实例——器材入库管理子系统

本节以某教练团器材管理信息系统中的器材入库管理子系统为例,进一步说明对系统进行分析的方法。

4.7.1 器材入库管理业务流程图

对器材进行入库管理时,首先是器材助理根据上级仓库的交接清单开入库单,器材随入库单到相应库房入库,库房保管员完成器材的入库,改动货架上的卡片,并在入库单上回填器材实际入库数量。回填后的入库单返回给器材助理,器材助理进行入库记账工作。器材入库管理业务流程图如图 4-15 所示。

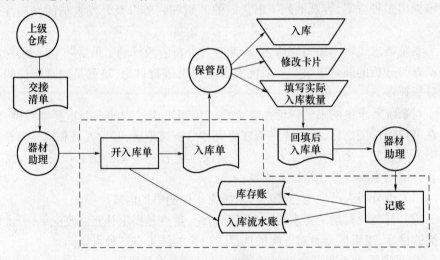

图 4-15 器材入库管理业务流程图

4.7.2 器材入库管理数据流图

入库管理数据流图关联图如图 4-16 所示。

从图 4-15 可以看到,入库管理可以划分为开入库单和记账两个子过程。因此可以得到如图 4-17 所示的数据流图顶层图。

对 P1 处理过程进行分解,得到图 4-18 所示的第一层分解图。

120

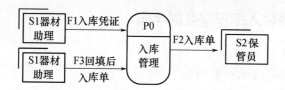

图 4 – 16 器材入库管理数据流图关联图

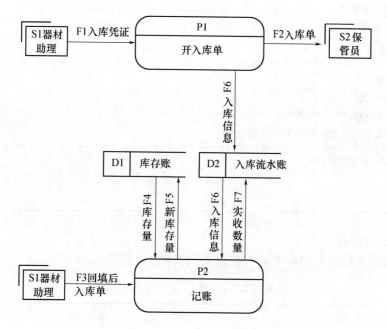

图 4 – 17 器材入库管理数据流图顶层图

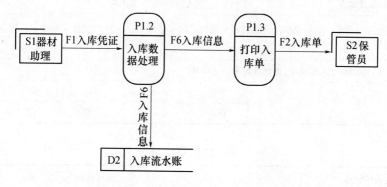

图 4 – 18 数据流图第一层(P1)分解图

4.7.3 器材入库管理数据字典

1. 数据项

数据项描述示例见表4-15。

表4-15 数据项描述示例

系统名:入库管理		编号:		
条目名:器材代码		别名:		
所属数据流:F1,F3		存储处:D1,D2		
数据元素结构: 类型:字符型　　长度:8 取值范围:00000001~99999999 取值含义:前三位表示类别,后五位是序列号				
简要说明:器材的唯一标识				
修改记录	编写	×××	日期	年　月　日
	审核	×××	日期	年　月　日

2. 数据流

数据流描述示例见表4-16、表4-17和表4-18。

表4-16 数据流描述示例1

系统名:入库管理		编号:F1		
条目名:入库凭证		别名:		
来源:S1 器材助理		去处:P1 开入库单		
数据流结构:{序号+供货单位+开票时间+器材代码+器材名称+规格型号+单位+入库数量+ 　　　　　备注}				
简要说明:根据器材入库凭证,器材助理来开入库单				
修改记录	编写	×××	日期	年　月　日
	审核	×××	日期	年　月　日

表4-17 数据流描述示例2

系统名:入库管理		编号:F2		
条目名:入库单		别名:		
来源:P1 开入库单		去处:P2 回填		

数据流结构：{单据号＋供货单位＋开票时间＋器材代码＋器材名称＋规格型号＋单位＋应收数量＋实发数量＋库房号}				
简要说明：根据器材入库凭证，器材助理开出的初始入库单，还没有进行回填				
修改记录	编写	×××	日期	年　月　日
	审核	×××	日期	年　月　日

表 4－18　数据流描述示例 3

系统名：入库管理		编号：F3	
条目名：回填后入库单		别名：	
来源：P2 回填 或 P3 修改库存		去处：外部实体 器材助理	
数据流结构：同 F2			
简要说明：指保管员回填后的入库单。数据内容与 F2 的差别是：按实际入库情况填写实收数和备注			
修改记录	编写	×××	日期	年　月　日
	审核	×××	日期	年　月　日

3. 数据存储

数据存储描述示例见表 4－19。

表 4－19　数据存储描述示例

系统名：入库管理		编号：D2	
条目名：入库流水账		别名：	
存储组织：每项器材每次出库为一条记录	记录数：约 100000	主键：单据号＋库房号＋器材代码	
记录组成：{单据号＋收货单位＋开票时间＋器材代码＋器材名称＋规格型号＋单位＋应收数量＋实收数量＋库房号＋状态}　　其中状态是标识入库执的状态：0－未记账，1－已记账			
简要说明：存放器材的收货明细			
修改记录	编写	×××	日期	年　月　日
	审核	×××	日期	年　月　日

4. 处理功能

处理功能描述示例见表 4－20。

表 4-20 处理功能描述示例

系统名：入库管理			编号：P1	
条目名：开入库单			别名：	
输入数据流：F1			输出数据流：F2，F6	
加工逻辑： (1) 查询入库器材存放位置，分库房生成入库单。 (2) 记录到出入库流水账中				
简要说明：根据入库凭证生成入库流水信息				
修改记录	编写	×××	日期	年 月 日
	审核	×××	日期	年 月 日

思 考 题

1. 系统调查与分析阶段的任务和工作步骤是什么？各步骤应产生哪些主要的文档？

2. 系统初步调查的目的是什么？有哪些调查的内容、方法和工具？

3. 什么叫可行性分析？为什么在建立管理信息系统的分析阶段，必须对项目进行可行性研究？

4. 进行可行性研究应该从哪几个方面去考虑？应该如何去评价建立一个系统的经济效益？

5. 可行性分析报告包括哪些内容？如何组织对可行性分析报告的论证工作？

6. 详细调查的目的和任务是什么？它与初步调查有什么区别？

7. 组织结构调查的内容是什么？一个实体的组织结构图应该反映出部门之间的哪些关系？

8. 事务处理调查的内容是什么？有哪些可以借助的工具？

9. 业务流图与实体生命周期图的描述对象是什么？它们之间有什么区别？

10. 信息流程调查与分析的任务是什么？调查应该包括哪些内容？用到哪些重要的描述工具？

11. 什么是数据流图？它有哪些组成的元素？怎样才能把数据流图画好？

12. 画数据流图的目的是什么？为什么说数据流图是描述信息系统逻辑模型的主要工具？

124

13. 什么是数据的详细分析？什么是数据字典？它的描述内容是什么？怎样才能把数据字典编好？

14. 什么是功能的详细分析？有哪些工具可以帮助描述数据处理中的加工逻辑？

15. 什么是数据——功能的综合整理和审核？数据——功能格栅图的结构和画法是什么？

16. 什么叫做新系统的逻辑模型？如何建立系统的逻辑模型？

17. 系统需求说明书应该包括哪些内容？如何组织对系统需求说明书的论证和评审？

18. 系统需求说明书的作用是什么？为什么说系统需求说明书是系统进一步开发和最后验收的重要依据？

第 5 章 系 统 设 计

5.1 概 述

系统设计是管理信息系统开发过程的第二个阶段。该阶段的主要目的是在系统分析阶段所提出的逻辑模型的基础上进行系统物理模型的设计,得到满足用户信息需求的基于计算机与通信系统的物理实现方案。

如果说系统开发人员在系统分析阶段的任务是在逻辑上弄清楚系统"做什么"的话,在系统设计阶段的任务则是在物理上确定系统"如何去做"。所以系统设计阶段也称为系统的物理设计阶段。系统设计过程模型如图 5 - 1 所示。

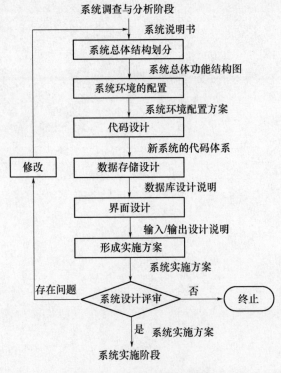

图 5 - 1　系统设计过程模型

系统设计阶段的主要工作包括以下几方面：

（1）总体结构设计。即把系统的功能分解成许多基本的功能模块，确定它们之间的联系，规定它们的功能和处理流程。

（2）系统物理配置方案设计。包括设备配置、通信网络的选择和设计以及数据库管理系统的选择等。

（3）代码设计。包括代码设计的原则、类型和方法等。

（4）数据存储设计。包括数据库设计、数据库的安全保密设计等。

（5）用户界面设计。包括输入输出设计与人机交互界面设计。

从系统分析的逻辑模型设计到系统设计的物理模型设计是一个由抽象到具体的过程。经过系统设计，设计人员应能为程序开发人员提供完整、清楚的设计文档，并对设计规范中不清楚的地方做出解释。

在系统设计中，应遵循以下原则：

（1）系统性。系统是作为统一整体而存在的，因此，在系统设计中，要从整个系统的角度进行考虑，系统的代码要统一，设计规范要标准，传递语言要尽可能一致，对系统的数据采集要做到数出一处、全局共享，使一次输入得到多次利用。

（2）灵活性。为保持系统长久生命力，要求系统具有很强的环境适应性，为此，系统应具有较好的开放性和结构的可变性。在系统设计中，应尽量采用模块化结构，提高各模块的独立性，尽可能使各子系统间的数据依赖减至最低限度。这样，既便于模块的修改，又便于增加新的内容，提高系统适应环境变化的能力。

（3）可靠性。可靠性是指系统抵御外界干扰的能力及受外界干扰时的恢复能力。一个成功的管理信息系统必须具有较高的可靠性，如安全保密性、检错及纠错能力、抗病毒能力等。

（4）经济性。经济性指在满足系统需求的前提下，尽可能减小系统的开销。一方面，在硬件投资上不能盲目追求技术上的先进，而应以满足应用需求为前提；另一方面，系统设计中应尽量避免不必要的复杂化，各模块应尽量简洁，以便缩短处理流程，减少处理费用。

5.2　系统总体结构设计

系统的总体结构设计是指根据系统分析的要求和组织的实际情况来对将来的软件系统的总体结构形式进行大致设计，按照结构化系统设计的思想，就是自顶向下地将系统划分为若干个子系统，而子系统又划分为模块，模块又划分为子模块，经过层层分解，可以把一个复杂的系统分解为多个功能较单一的功能模块。系统划分的结果最终反映为一张分层的功能结构图（图5-2）。

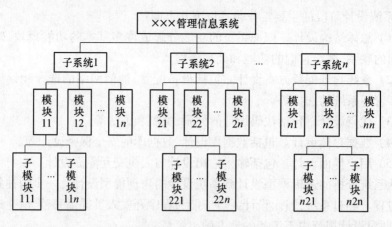

图 5 – 2　功能结构图

图 5 – 2 中,每一个框称为一个功能模块,功能模块可以根据具体情况分得大一点或小一点。分解得最小的功能模块可以是一个程序中的每个处理过程,而较大的功能模块则可能是完成某一任务的一组程序。

那么系统究竟该划分成几个功能模块,模块分解又应该遵循什么样的原则和规律呢? 目前对于系统划分,有下面几种方法。

1. 功能划分法

功能划分法就是按业务的处理功能划分。例如按装备保障职能,把系统划分为车务管理子系统、器材管理子系统、维修管理子系统、战备管理子系统、训练管理子系统等。这种划分法与装备保障的管理模式相适应,功能划分明确,易于运行管理,是目前最常用的方法之一。

2. 顺序划分法

顺序划分法就是按业务的处理顺序划分。例如在器材管理功能的划分中,按器材管理业务处理的顺序,把功能划分为入库记账管理、出库记账管理、盘库记账管理、库存管理、年度决算等。这种方法由于与管理事务的流程相一致,模块之间的关系清楚,结构紧凑,比较适用于子系统内部的功能模块分解,也是目前常用的方法之一。

3. 性质划分法

性质划分法就是按业务处理的性质划分。例如,在器材管理功能模块的划分中,把对系统进行公用参数设置的功能,如使用年度、使用单位、数据库设置、用户管理等,划分到系统设置模块中,把系统各项业务涉及到的基础数据,如器材目录、单位目录、库存标准等划分到基础数据管理模块中。这种方法针对业务处理的性质,把具有相同性质的操作归在同一个模块,而把不同性质的操作分别放在不同的模块。模块功能单一,聚集性能好,适合于处理对象多而功能性质又比较统一的情形。

4. 时间划分法

时间划分法就是按业务处理的时间关系划分。例如,一般所说的初始化处理,通常是将需要同时处理的事务归在同一个模块(不管它们的处理性质是否相同),而把不同时间执行的功能分开。这种方法把若干个联系不大(或毫无联系)的功能,仅仅因为它们需要在同一时间内处理才组合在一起,因此,模块内部的功能多元化,聚合性比较差。

上述方法的使用是没有一个定式的。不同的系统,不同的规模,不同的研制人员,系统功能划分的方法和风格都会不一样。但是,尽管如此,人们在模块分解的分析理论和长期的实践中总结出了若干遵循的原则,对系统功能结构的划分起到了重要的指导作用。

1. 模块内部的聚合性强,模块之间的耦合性弱

模块内部的聚合性指模块内各个元素彼此结合的程度,最强内聚指一个模块只包含一个功能。模块之间的耦合性指软件内不同模块之间的互连程度。

模块的内聚性强、耦合性弱,就说明模块的独立性好,这样在一个模块的设计与修改过程中就不用考虑其他模块的作用,减少不必要的数据联系、调用联系和控制联系。但很多情况下,这种模块设计难度很大,因此也允许通过公共数据,如全局变量等传递数据。

2. 规模恰当

从理论上讲,最强内聚指一个模块只包含一个功能。但由于还要考虑用户操作的方便程度,如修改和删除工作,一般是先找到记录集再去修改、删除,因此,就需要与查询程序配合。如果一个模块只有单一的功能,用户操作时为了得到其他功能的辅助不得不频繁更换界面,效率很低,很不方便。因此,实际操作时许多模块都不应当只具备单独一个功能。反过来,一个模块也不能聚集过多的功能,尤其是不能聚集与当前业务无关的功能。

3. 子系统划分的结果应使数据冗余较小

如果忽视这个问题,则可能引起相关的功能数据分布在各个不同的子系统中,大量的原始数据需要调用,大量的中间结果需要保存和传递,大量计算工作将要重复进行,从而使得程序结构紊乱。

4. 适应系统扩充和便于系统分阶段实现的原则

子系统或模块的划分要考虑到系统功能扩展的需要,要能较好地适应功能的调整和增补,在系统扩展时,不至影响原有的模块结构。这种思想本身也体现在对系统的分阶段实现上,模块划分得好,就容易分期分步地进行开发,研制人

员之间也容易做到既分工又合作。另外,子系统的划分还必须兼顾组织机构的要求,以便系统实现后能够符合现有的情况和人们的习惯,更好地运行。

总之,做好系统功能结构的划分要有三个因素,即明确系统的功能内容,掌握正确的划分方法和遵循科学的划分原则。

5.3 系统环境配置

系统环境的配置包括机器设备的选择和软件配置方案的确定。这项工作的重要性不仅是因为花费大量的资金而希望物有所值,重要的是为系统奠定能得以实现的物质基础。根据实践的体会,系统环境的配置通常从以下几个方面来进行。

1. 确定系统设备配置的拓扑结构

系统的设备配置应该根据系统调查与分析的结果,从系统的功能、规模、主要的处理方式和用户的需要和条件来考虑,充分运用计算机系统技术、通信技术和网络技术等,为系统配置机器设备构筑一个总体的方案。例如,系统是采用集中式的方案,还是分布式的方案;是多用户的联机方式,还是网络方式;是总线型的网络结构,还是总线型与星型相结合的网络结构。所有这些方案都必须对如下方面给予充分的考虑:

(1)方案在技术上的先进性与成熟性。

(2)方案的可靠性、可维护及系统的恢复能力。

(3)方案的效率,包括其速度、容量和操作的方便性。

(4)方案的可扩充性,如设备的增加、更新或升级等。

(5)方案的性能价格比以及对环境的要求等。

例如,某仓库装备器材出入库管理系统网络拓扑图如图 5-3 所示。

2. 硬件配置

系统设备配置的拓扑结构确定以后,就要给每一台设备与配件选择合适的型号和配置。这里不外乎要考虑如下三个方面:

(1)主机的结构、CPU 的型号、处理速度、内存的大小、I/O 通道与输出口、外存储器容量和性能价格指标等。

(2)外设的型号及其性能指标。例如显示器的分辨率、显示方式和扫描方式;打印机的行动速度和打印方式;绘图仪的画线速度、精度、笔数和颜色;扫描仪的幅面、分辨率、颜色和灰度等级;还有通常的键盘、鼠标器、触摸屏等。

(3)配件的性能指标与兼容性,如用于网络连接与通信的路由器、集线器、

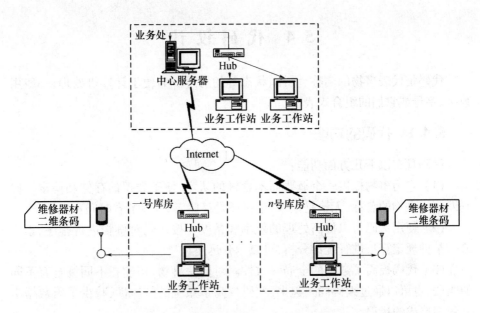

图 5-3 某仓库装备器材出入库系统网络拓扑图

传输介质与调制解调器等。

3. 软件配置

软件环境要考虑的主要是系统软件和工具软件的配置问题,要根据系统设备配置的总体方案和系统功能上的要求,考虑如下各类软件的选用:

(1)操作系统,如 Unix,Xinix,Windows 等。

(2)网络操作系统,应选择能够满足计算机网络系统功能要求和性能要求的网络操作系统。目前流行的有 Unix、Netware、Windows NT 等。

(3)数据库系统,例如 SQL SERVER,ORACLE,SYBASE,INFOMAX 等。

(4)程序语言,例如 POWERBUILDER、DELPHI、VISUAL STUDIO 及近年出现的各种面向对象语言和可视化程序设计语言。

(5)应用系统开发环境与工具。

系统环境配置是系统设计中一项涉及系统能否实现和用户利益的大事。设计人员必须具有建立管理信息系统的良好技术素质,有较全面的硬、软件知识,并能掌握设备的发展动向和市场信息。只有这样,才能较好地完成系统环境配置的任务。系统环境配置的最后结果是以表格和拓扑图方式提出的一份系统设备配置方案。方案的内容包括系统的拓扑结构图、机器设备的型号和配置清单、分布情况与软件配置等。

5.4　代　码　设　计

代码是代表事物的名称、属性、状态等的符号。为便于计算机处理,一般用数字、字母或它们的组合来表示。

5.4.1　代码的功能

代码具有以下几方面功能:

(1)它为事物提供一个概要而不含糊的认定,便于数据的存储和检索。代码缩短了事物的名称,无论是记录、记忆还是存储,都可以节省时间和空间。

(2)使用代码可以提高处理的效率和精度。按代码对事物进行排序、累计或按某种规定算法进行统计分析,可以十分迅速。

(3)代码提高了数据的全局一致性。对同一事物,即使在不同场合有不同的叫法,也可以通过编码同一起来,代码提高了系统的整体性、减少了因数据不一致而造成的错误。

(4)代码是人和计算机的共同语言,是两者交换信息的工具。

在开发信息系统时,为了方便计算机的处理,必须对整个系统进行代码设计。

5.4.2　代码设计的原则

设计好的代码体系,必须符合以下一些要求:

(1)唯一确定性。保证每一个被表示的实体有而且只有一个确定的代码。

(2)标准化与通用性。应尽量采用上级部门规定的编码标准,如行业编码、部委与国家标准编码等。系统内部的代码必须是统一的和规范的。

(3)可扩充性和稳定性。代码的结构和编码规则要考虑一段时期的不变性和日后增加代码对象的适应性。尽量避免代码体系的变动而引致数据存储结构及程序系统的大修改。

(4)便于识别和记忆。充分运用各种结构的符号组合和编码技巧,使代码不仅具有逻辑含义,而且便于识别和记忆。

(5)力求短小与格式统一。在不影响使用的前提下,应尽量缩短代码的长度和使同类代码在格式上的统一。这不仅是为了让用户容易掌握和运用,更重要的是提高计算机存储和处理数据的效率。

5.4.3 代码的类型

常见的信息编码方法有以下两种形式。

1. 顺序码

顺序码是一种用连续数字代表编码对象的码。例如,用0代表维修器材,用1代表战备器材等。

顺序码的优点是位数少,简单明了,便于顺序定位和查找,易于管理。但这种码没有逻辑含义作基础,缺乏分类特征,故通常与其他形式的分类编码结合在一起使用,作为某种分类下细分的一种补充手段。

2. 区间码

区间码也称为块码,它把数据项分成若干组,每一区间代表一个组,码中数字的值和位置都代表一定意义。区间码的优点是易于进行排序、分类、检索等操作但这种码的长度与分类属性的数量有关,所以有时会造成码比较长,各区间留出的无用空间比较多的现象。

区间码又可以分为以下类型。

1) 层次码

按从属层次关系,将代码分成若干组,一般在码的左端组表示最高层次类别,右端组表示最低层次类别,组内仍然按顺序编码。

例如某军校学籍管理系统中的学员编码(即学号)用9位数干字符组成,其中,前两位数字表示年级(即入学年份的末两位数字),第3位、第4位表示系别,第5位表示该系的专业编码,第6位表示学制,第7位表示班别,最后两位表示序号(图5-4)。

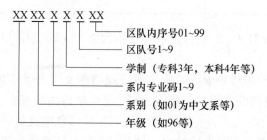

图5-4 学员学号的层次结构示意图

因此,学号960114101指的是96级车辆工程系车辆工程专业(其系内专业码为1)4年制本科1区队的第1位学员。不难看出,层次码的优点是能够充分反映实体的属性及其层次关系,使用灵活,容易添加,便于用计算机进行处理。缺点是编码比较长。

2）十进制码

当编码实体的数量不能预先估计时,十进制编码是一种较为合适的结构类型。这是因为十进制码在区间码的前提下采用层次码的原理,同时可以采用小数点符号,在小数点后添加新的数位以不断增加新的子分类。因此,十进制码常用于图书、文摘、设备零部件的分类编码。例如用十进制码表示的汽车零件属性如下:

631　　　　　汽车零件

631.1　　　　小汽车零件

631.11　　　　国产小汽车零件

631.12　　　　进口小汽车零件

十进制码可以无限地扩充,容易添加新的分类,但位数比较多,且长短不一,不便于计算机处理。

3）特征码

特征码和层次码的区别仅在于各类之间没有层次隶属关系,代码的某个位或某几个位表示编码对象的某种特征。例如为了表示钢材的各种特性,规定各特征的取值见表 5 - 1。

表 5 - 1　　特征码示例

产地来源	加工方式	种　类	规　格
1 - 国产 2 - 进口	1 - 热轧 2 - 冷拉 3 - 铸造	1 - 角铁 2 - 平板 3 - 铁丝 4 - 钢管 5 - 铁条	$00 - 1/16'' * 20'$ $01 - 1/8'' * 20'$ $02 - 1/4'' * 20'$ $03 - 1/2'' * 20'$ $04 - 3/4'' * 20'$

这样,代码为 21301 的钢材是一种规格为 $1/8'' * 20'$ 的进口热轧铁丝。

3. 助记码

助记码是一种用代表编码对象名称或规格的文字与数字的组合,直接作为代码的一部分,以帮助联想和记忆,达到标识对象目的的编码。例如:TV - B - 12 表示 12 寸黑白电视机,TV - C - 20 表示 20 寸彩色电视机等。

助记码适用于编码对象比较少的情况,否则太长的代码不仅容易引起联想出错,而且占用计算机的容量也太大。

5.4.4　代码设计的方法

总的来说,代码设计的任务就是在系统调查与分析的基础上,确定系统内需要代码化的实体,给出它们的代码结构和编码规则,以及对所有编码对象实施编码,从而为系统建立统一而科学的代码体系。代码设计的重点工作是代码结构的设计和确定编码规则。代码设计的步骤与方法如下。

1. 确定代码化实体

根据对信息的调查分析和信应系统的要求,在基本数据项中选出需要代码化的对象并加以汇总。企业中常见的代码化实体有部门编码、职工编码、原材料编码、产品编码、设备编码、会计科目编码、客户编码等。学校中常见的代码化实体有系编码、专业编码、学号、课程编码、教材编码、教师编码等。

2. 代码结构设计

对每一个代码化的实体,确定其代码结构的类型和具体的结构形式,即确定其码长(位数)、位组的划分及每一位组的含义等(图5-4)。

3. 确定编码规则

给每一个位组规定其取值的类型(是数字字符还是字母字符)、范围及各种取值的对应含义等(表5-1)。

4. 实施编码

按照代码结构及编码规则,对每一个代码化实体的所有编码对象赋予具体代码,从而得到一份手编的代码清单。

5. 建立计算机代码体系

将所有手编代码,按实体为单位转换为一个个计算机存储的代码对照表文件。

至此,代码设计工作就算完成了。代码设计的结果,包括一份代码对照表文件的目录、一批代码对照表的存储文件以及一份关于代码结构及编码规则的说明等。

5.4.5 代码的检验

在数据处理过程中,一些重要的或具有特殊用途的代码,如医院病人和处方单的代码、银行账户的编码等,如果出错,便会带来不可挽回的损失。为了尽可能自动地发现代码中因重复转录和键入操作而产生的差错,通常有意识地在原来的代码基础上,另外加上一个校验位,使它事实上变成代码的一个组成部分。校验位通过事先规定的数学办法计算出来。代码一旦输入,计算机便用同样的数学运算办法,按输入的代码计算出校验位的值,并将它与输入的校验位进行比较,以证实输入是否有错。这种校验可以发现如下的错误:

抄写错误　　　例如1983错写成1903

易位错误　　　例如1983错写成1938

双易位错　　　例如1983错写成1389

135

随机错误　　　包括以上两种或三种的综合性错误或其他错误

这里介绍一种常用来确定校验位值的办法。方法是给原代码的各位分配不同的权数（权因子可选成算术级数、几何级数、质数或其他），用原代码的加权和除以某一个称为模的数（常用素数，例如 11），所得的余数或将模和余数的差作为核验位的值。例如：

原代码　　　　1 2 3 4 5

各乘以权　　　6 5 4 3 2（权因子成算术级数）

加权和　　　　$6 + 10 + 12 + 12 + 10 = 50$

以 11 为模去除加权和得 $50 \div 11 = 4 \cdots\cdots 6$，取余数 6 为校验位，于是得代码为 123456。

一般来说，权与模的取值不同，校验出错的效率是不同的。

对于字母或字母数字组成的代码，也可以用校验码进行检验，但这时的校验位必须是两位，计算时要将字母 A ~ Z 跟随数字 0 ~ 9 的后面按顺序分别赋予 $A = 10, B = 11, \cdots, Z = 35$ 等。

5.4.6　公民身份证代码

我国现行的十八位公民身份证代码属于特征码，其编制规则如下：

（1）公民身份证代码由 17 位数字本体码和一位校验码组成。

（2）17 位数字本体码中，前 6 位为地址码，表示编码对象常住户口所在县（市、旗、区）的行政区划代码；第 7 位 ~第 14 位为出生日期码，表示出生的年、月、日；第 15 位 ~第 17 位为顺序码，是在同一地址码所标识的区域范围内，对同年、同月、同日出生的人编定的顺序号，奇数分给男性，偶数分给女性。

（3）校验码的计算方法。

① 对前 17 位数字本体码加权求和，有

$$S = \mathrm{Sum}(A_i \times W_i), i = 0, \cdots, 16$$

式中：A_i 为第 i 位置上的身份证代码的数字值；W_i 为第 i 位置上的加权因子，其各位对应的值依次为 7、9、10、5、8、4、2、1、6、3、7、9、10、5、8、4、2。

② 以 11 对计算结果取模，则有

$$Y = \mathrm{mod}(S, 11)$$

③ 根据模值得到对应的校验码，其对应关系为

Y 值	0	1	2	3	4	5	6	7	8	9	10
校验码	1	0	X	9	8	7	6	5	4	3	2

5.5　数据库设计

从使用者的角度来说,管理信息系统是处理大量数据以获得支持管理决策所需要的信息的系统。管理信息系统总是基于文件系统或数据库系统的,数据库是信息系统的核心和基础,它把信息系统中的大量数据按一定的模型组织起来,提供存储、维护、检索数据的功能,使信息系统可以方便、及时、准确地从数据库中获得所需要的信息。一个信息系统的各个部分能否紧密地结合在一起以及如何结合,关键在数据库。因此,数据库设计是信息系统开发的重要组成部分。如何建立一个良好的数据库结构和文件组织形式,使其能够迅速、准确地查找所需要的数据,是衡量一个系统优劣的主要指标之一。

5.5.1　数据库设计概述

数据库设计就是指对于一个给定的应用环境,构造最优的数据库模式,建立数据库及其应用系统,使之能够有效地存储数据,满足各种用户的应用需求。

实践证明系统开发失败的一个重要原因是由于数据库设计出了问题。在一些系统开发中,有些人图省事,根本不按数据库的设计步骤来建立数据库,而是将调查得来的报表、单据稍加改动,形成关系表的集合,或者只是根据系统输出来设计,有什么输出,就给安排一个数据表。这样做虽然省事,但却隐藏着大量的数据冗余,数据的一致性和可维护性极差,很难提供适合系统使用的正确有效的数据共享,很难提供综合性的信息服务,不能保证数据来源的唯一性,与原来的人工系统没有什么差别。

在管理信息系统课程的前导课数据库课程中已经学习过了数据库设计的步骤。这里,当把数据库设计原理应用到管理信息系统开发中时,数据库设计的几个步骤就要与系统开发的各个阶段相对应、相衔接起来,并且要融为一体。按照规范设计的方法,将数据库设计分为用户需求分析、概念结构设计、逻辑结构设计、物理结构设计、数据库实施、数据库运行与维护六个步骤。

数据库设计与管理信息系统开发阶段的对应关系如图 5 - 5 所示。

其中,用户需求分析阶段,主要是进行系统的详细调查分析,形成数据流图、数据字典;概念结构设计是通过对数据流图的分析,形成独立于计算机、独立于各个数据库管理系统产品模式的概念模型,如 E - R 图;在逻辑结构设计阶段将 E - R 图转换成具体的数据库产品支持的数据模型,如关系模型;物理结构设计阶段是根据所选定的软硬件运行环境,权衡各种利弊因素,确定一种高效的物理存储结构,使之既能节省存储空间,又能提高存取速度。有了这样一个物理数据

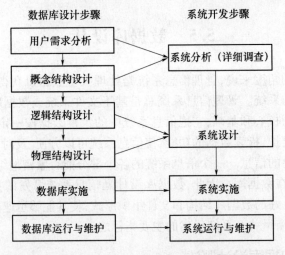

数据库设计步骤　　　　　系统开发步骤

用户需求分析 → 系统分析（详细调查）

概念结构设计

逻辑结构设计

物理结构设计 → 系统设计

数据库实施 → 系统实施

数据库运行与维护 → 系统运行与维护

图 5-5　数据库设计步骤与系统开发阶段的对应关系

模型,开发人员就可以在系统实施阶段,用所选定的 DBMS 所提供的命令进行上机操作,建立数据库并对数据库中的数据进行多种操作。

5.5.2　用户需求分析

　　数据库设计的用户需求分析是在系统分析阶段进行的,用户需求分析的结果准确与否将直接影响到后面各阶段的设计。

　　数据库用户需求分析是系统需求分析的一个方面,在第 4 章已经讲述过对组织机构、管理功能、业务过程等进行详细调查,然后用数据流图来表达数据和处理过程的关系,用数据字典来详细描述各数据内容和处理过程。用户需求的确定还需要和用户反复交流,征得用户的认可。具体请参见第 4 章,这里不再赘述。

5.5.3　概念结构设计

　　概念结构设计也在系统分析阶段进行,任务是将用户需求分析得到的用户需求抽象为概念模型,即 E-R 图。它是整个数据库设计的关键。

　　概念结构设计总体上分为两步:第一步是从用户需求分析结果中抽象出数据,并设计出局部 E-R 图;第二步是集成各局部 E-R 图,得到一张全局 E-R 图。

　　1. 设计局部 E-R 图

　　概念结构是对现实世界的一种抽象。E-R 图中的实体、实体集、属性和联

138

系都是从需求分析中抽象得来的。所谓抽象是对实际的人、物、事和概念进行人为处理,抽取所关心的共同特性,忽略非本质的细节,并把这些特性用各种概念精确地加以描述。一般有三种抽象:

（1）分类。它抽象了对象值和型之间的"is member of"的语义。在 E – R 图中,实体集就是这样一种抽象。例如,张三是学生中的一员,具有学生们共同的特性。

（2）聚集。它抽象了对象内部类型和成分之间"is part of"的语义。在 E – R 图中若干属性的聚集组成了实体集。例如,器材包含器材名称、规格型号、单位、价格等属性。

（3）概括。定义了类型之间的一种子集联系。它抽象了类型之间的"is subset of"的语义。例如,学生是一个实体集,本科生、研究生也是实体集,本科生、研究生均是学生的子集。把学生成为超类,本科生、研究生称为学生的子类。

概念结构设计的第一步就是利用上面介绍的抽象机制对需求分析阶段收集到的数据进行分来、聚集,形成实体、实体的属性,标识实体的码,确定实体之间的联系类型,设计分 E – R 图。具体做法如下。

1）选择局部应用

根据某个系统的具体情况,在多层的数据流图中选择一个适当层次的数据流图,作为设计分 E – R 图发出发点。让这组图中每一部分对应一个局部应用。

由于高层的数据流图只能反映系统的概貌,而中层流图能较好地反映系统中各局部应用的子系统组成,因此往往以中层数据流图作为设计分 E – R 图的依据。

以某型装备器材仓库网络管理系统为例,来说明设计分 E – R 图的出发点,如图 5 – 6 所示。

2）逐一设计分 E – R 图

选择好局部应用之后,就要对每个局部应用利用各种抽象机制逐一设计分 E – R 图。

事实上,在现实世界中具体的应用环境常常对实体和实体间的联系已经作了大体的自然的划分,实体的属性则可以从数据字典中得到。这里,可以先从这些内容出发定义 E – R 图,然后再进行必要的调整。在调整中遵循的原则如下:为了简化 E – R 图的处置,现实世界的事物能作为属性对待的,尽量作为属性对待。那么符合以下两条准则的事物可以作为属性对待:

（1）作为"属性",不能再具有需要描述的性质。"属性"必须是不可分的数据项,不能包含其他属性。

（2）"属性"不能与其他实体具有联系,即 E – R 图中所表示的联系是实体

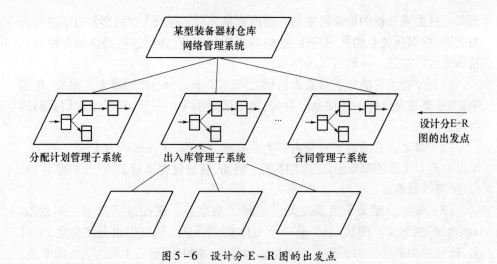

图 5-6 设计分 E-R 图的出发点

之间的联系。

凡满足上述两条准则的事物,一般均可作为属性对待。

例如,在装备器材出入库管理管理中,器材作为实体可以有器材代码、规格型号、器材名称、单位、价格等属性,有人会有疑问:库房号是否也可以作为描述器材存放地点的属性呢? 这要视具体情况而定,如果一项器材只能存放在一个库房中,则就可以把库房号作为器材的属性,但如果一种器材可以存储在多个库房中,或者该系统要将库房的编号、名称、面积、保管员等信息纳入进来,则需要将库房作为一个实体,如图 5-7 所示。

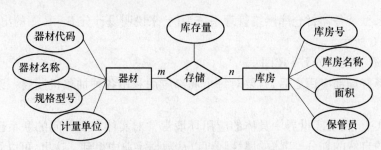

图 5-7 库房作为一个实体

分析第 4 章出入库系统中出库管理子系统的数据流图和数据字典,除了图 5-7 描述的实体—关系之外,整个出库管理子系统的功能还围绕着器材助理编制出库单和对出库单记账的数据处理过程,在这个过程中出现了出库单这个实体。出库单应包含单据号、领料日期、领料单位以及该单据所属的库房等信息。

出库单和器材之间存在着包含关系:一张出库单可以包含多项器材,一项器材也可以包含在多张出库单中。根据上述的描述,画出该分 E-R 图如图 5-8 所示。

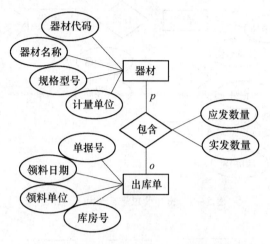

图 5-8 出库管理系统分 E-R 图

2. 集成各局部 E-R 图

各子系统的分 E-R 图设计好以后,下一步就是要将所有的分 E-R 图综合成一个系统的总 E-R 图,在综合过程中要注意消除各分 E-R 图的冲突和冗余。

下面绘制某型装备器材出入库系统出库管理的 E-R 图。由于该系统不太复杂,可以直接设计出总 E-R 图(如果是设计装甲装备器材后方仓库管理系统的 E-R 图,则出入库管理的 E-R 图就可作为分 E-R 图),如图 5-9 所示。

5.5.4 逻辑结构设计

逻辑结构设计的任务是把概念结构设计阶段设计好的基本 E-R 图转换成为与所选用的 DBMS 产品支持的数据模型相符合的逻辑结构,并对其进行优化。

注意:概念结构是独立于任何一种数据模型的信息结构,逻辑结构则是基于某一种具体的数据模型。假如选用关系模型,逻辑结构设计分为两步进行,如图 5-10 所示。

1. 将概念结构转换为关系模型

E-R 图向关系模型的转换要解决的问题是如何将实体和实体之间的联系转换为关系模式,如何确定这些关系模式的属性和码。E-R 图转换为关系模式的一般原则如下:

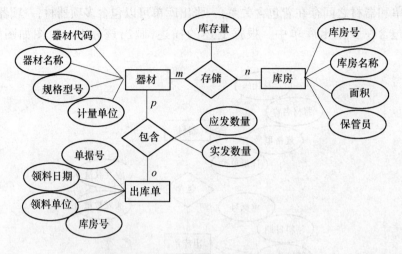

图 5 – 9　出库管理子系统总 E – R 图

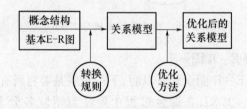

图 5 – 10　逻辑结构设计步骤

（1）一个实体转换为一个关系模式。实体的属性就是关系的属性,实体的码就是关系的码。

（2）实体间的联系则根据联系类型的不同而作不同的处理。

① 1:1 联系。方法一是一个 1:1 联系可以转换为一个独立的关系模式,转换后的关系模式的属性是两端实体的主码加上自身的属性;主码则是两端实体的主码均可作为该关系的主码。方法二是不转换成独立的关系模式,而是与任意一端对应的关系模式合并,合并后的关系模式的属性是自身属性加上另一端实体的主码,再加上联系的属性;合并后的关系模式的主码不变。1:1 联系比较简单,一般采取方法二。

② 1:n 联系。方法一是转换为一个独立的关系模式,独立关系模式的属性是两端实体的主码加上自身属性;主码是 n 端实体的主码。方法二是与 n 端对应的关系模式合并,n 端实体类型的属性是自身属性加上 1 端实体的主码加上联系的属性;主码不变。

③ $m:n$ 联系。一个 $m:n$ 联系转换为一个独立的关系模式。独立关系模式的属性是两端实体的主码加上联系的属性;主码是两端实体主码的联合。

（3）三个或三个以上实体间的一个多元联系可以转换为一个关系模式。与该多元联系相连的各实体的码以及联系本身的属性均转换为关系的属性,各实体的码组成关系的码或关系码的一部分。

（4）具有相同码的关系模式可以合并。

依据上述转换原则对图 5 - 9 所示的 E - R 图进行转换。

① 对各实体的转换。

器材(器材代码 * ,器材名称,规格型号,计量单位)

库房(库房号 * ,库房名称,面积,保管员)

出库单(单据号 * ,领料日期,领料单位,库房号)

② 对联系的转换。

存储:库存(库房号 * ,器材代码 * ,库存量)

包含:出库流水账(单据号 * ,器材代码,应发数量,实发数量)

因此,通过转换共得到如下关系模式:

器材(器材代码 * ,器材名称,规格型号,计量单位)

库房(库房号 * ,库房名称,面积,保管员)

出库单(单据号 * ,领料日期,领料单位,库房号)

库存(库房号 * ,器材代码 * ,库存量)

出库流水账(单据号 * ,器材代码 * ,应发数量,实发数量)

2. 对转换来的关系模型进行优化

数据库逻辑设计的结果不是唯一的。为了进一步提高数据库应用系统的性能,还应该根据应用需要适当地修改、调整数据模型的结构,这就是数据模型的优化。关系数据模型的优化通常以规范化理论为指导,方法如下:

（1）确定数据依赖。按照需求分析阶段所得到的语义,分别写出每个关系模式内部各属性之间的数据依赖以及不同关系模式属性之间的数据依赖。

（2）对于各个关系模式之间的数据依赖进行极小化处理,消除冗余。

（3）按照数据依赖的理论对关系模式逐一进行分析,检查是否满足所规定的范式要求。

（4）按照需求分析阶段得到的处理要求,分析这些关系模式对于这样的应用环节是否合适,确定是否要对某些关系模式进行合并或分解。

注意:并不是规范化程度越高的关系就越优。例如,当查询经常涉及到两个或多个关系模是的属性时,系统经常进行连接运算。连接运算的代价是相当高的,可以说关系模型低效的主要原因就是连接运算引起的。这时可以考虑将这几个关系合并为一个关系。因此在这种情况下,第二范式甚至第一范式也许是合适的。

例如,在器材出入库不够频繁以及需要输出的查询报表比较多的情况下,可以考虑将出入库单据表和出入库流水表合并。

5.5.5　物理结构设计

数据库在物理设备上的存储结构与存取方法称为数据库的物理结构,它依赖于选定的数据库管理系统。为一个给定的逻辑数据模型选取一个最适合应用要求的物理结构的过程,就是数据库的物理设计。

不同的数据库管理系统产品所提供的物理环境、存取方法和存储结构有很大差别,因此也没有通用的物理设计方法可遵循,只能给出一般的设计内容和原则,希望设计出优化的物理数据库结构,使得在数据库上运行的各种事务相应时间小、存储空间利用率高、事务吞吐率大。

通常关系数据库物理设计主要包括以下两部分内容。

1. 为关系模式选择存取方法

存取方法是快速存取数据库中数据的技术。数据库管理系统一般都提供多种存取方法。常用的存取方法有三类:索引方法、聚簇方法和 HASH 方法。

2. 确定数据库的存储结构

确定数据库物理结构主要指确定数据的存放位置和存储结构,包括确定关系、索引、聚簇、日志、备份等的存储安排和存储结构,确定系统配置等。

确定数据的存放位置和存储结构要综合考虑存取时间、存储空间利用率和维护代价三个方面的因素。这三个方面常常是相互矛盾的,因此需要进行权衡,选择一个折中方案。

数据库物理结构设计不再详述,具体请参考王珊《数据库系统概论》。

5.5.6　数据库实施与运行维护

数据库的实施与运行维护分别是在管理信息系统的实施与运行维护阶段完成的。在后面的章节中还会讲到,这里不再详述。

5.5.7　基于 3NF 的数据库设计方法

前面我们介绍了用 E–R 方法构造概念模型,这里再介绍一种用 3NF 关系群表示概念模型的方法。

1. 基于 3NF 的数据库设计方法概述

这种方法一开始就用关系模型表示现实世界的实体集合和实体集之间的联系,用函数依赖表示属性间的相关性,然后逐步规范化,直到满足用户要求和系统性能需求为止。这种做法不需要 E–R 图的支持,只需直观地利用了规范化理论,是一种实用而且应用广泛的方法。

基于 3NF 的数据模型设计方法的工作步骤如下:

(1)收集员系统中所使用的各种单据、账册,确定规范化对象。

(2)确定各种表格(单据、账册)需要存储的内容。

① 根据新系统的功能确定是否有必要增加新存储单据或账册,对已确定存储的单据,研究是否有必要增加新的数据元素。

② 去除基本的和多余的数据元素。

③ 为便于检索,增加必要的代码项。

(3)列出各种表格存储的 1NF 数据元素。

(4)1NF 关系的规范化。

(5)3NF 关系的归纳和合并。

2. 实例分析

仍以前面器材出入库系统为例,用基于 3NF 方法进行数据库的设计。

1)收集原手工系统中的单据、账册

通过详细调查分析,得到报表(表 5–2)、单据(表 5–3、表 5–4)和账本(表 5–5)。

表 5–2　×××团器材基本信息表

器材名称	规格型号	单位	供应类别	供管类别	保养类别	保养年限	价格

表 5–3　×××团器材出库单据

领料单位:修理营修理×连　　　　　　　　　　　　　　　　库房号:×号库房

领料时间:　年　月　日

器材名称	规格型号	领料数量	备注

领料人:×××　　　　　　　　　　　　　　　　　　　器材助理:×××

表 5-4 ×××团器材入库单据

发货单位:修理营修理×连　　　　　　　　　　　　　　　　　库房号:×号库房
发货时间: 年 月 日

器材名称	规格型号	发货数量	备注

器材助理:×××　　　　　　　　　　　　　　　　　　　　　　保管员:×××

表 5-5 ×××团器材库存台账

器材名称:　　　　　　　　　　　　　　　　　　　　　　　　　规格型号:

日期	摘要	收入		支出		库存数量
		数量	金额	数量	金额	
2008-7-2	清库					50
2008-7-15	出库			5	250	45
2008-7-25	出库			6	300	39
2008-8-2	入库	12	600			51

2) 确定各种表格(单据、账册)需要存储的内容

(1) 增加新的单据或增加新的数据元素。通过分析,认为不必再增加新的单据,只需增加部分数据元素。

① 将出库单上领料数量细分为两列,即申请领料数量和实际领料数据。

② 将入库单上发货数量细分为两列,即计划入库数量和实际入库数量。

③ 由于库存台账是一个库房一本,所以台账中应增加库房号。

(2) 去除基本的和多余的数据元素。

① 表 5-5 中的金额可由数量乘以表 5-2 中的价格得到,可以不必存储。

② 表 5-2、表 5-3、表 5-4 中的规格型号在表 5-1 中可以找到,可以不必存储。

③ 表 5-5 库存台账实际描述了两部分内容,包括器材的收发记录以及库存情况。其中,收发记录可以在表 5-3、表 5-4 的出入库单据上找到,可以不必存储,而出入库日期则可以补充到出入库单据上。

（3）增加代码项：器材代码和单据号。

3）列出各种表格存储的 1NF 数据元素

本例中，各种表格存储的 1NF 数据元素如下：

表 5-2　器材基本信息表（器材代码，器材名称，规格型号，单位，供应类别，供管类别，保养类别，保养年限，价格）

表 5-3　器材出库单（出库单号，库房号，领料单位，领料时间，器材代码，申请领料数量，实际领料数量，备注）

表 5-4　器材入库单（入库单号，库房号，发货单位，发货时间，器材代码，计划入库数量，实际入库数量，备注）

表 5-5　器材库存台账（器材代码，库房号，库存数量）

4）1NF 关系的规范化

表格存储数据的 1NF 数据列出后，还应按关系模型的规范化理论进行规范化，使它们满足第三范式。

（1）器材基本信息表。直接满足 3NF，不必改动。

3NF 关系：①（器材代码＊，器材名称，规格型号，单位，供应类别，供管类别，保养类别，保养年限，价格）

（2）器材出库单。

1NF 关系：（出库单号＊，库房号，领料单位，领料时间，器材代码＊，申请领料数量，实际领料数量，备注）

3NF 关系：②（出库单号＊，库房号，领料单位，领料时间，备注）

　　　　　③（出库单号＊，器材代码＊，申请领料数量，实际领料数量）

（3）器材入库单。

1NF 关系：（入库单号＊，库房号，发货单位，发货时间，器材代码＊，计划入库数量，实际入库数量，备注）

3NF 关系：④（入库单号＊，库房号，发货单位，发货时间，备注）

　　　　　⑤（入库单号＊，器材代码＊，计划入库数量，实际入库数量）

（4）库存台账。删除部分数据元素后的库存台账直接满足 3NF，不必改动。

3NF 关系：⑥（器材代码＊，库房号＊，库存数量）

5）3NF 关系的归纳和合并

分析发现，②和④可以合并，③和⑤可以合并，最终得到如下四个关系模式：

器材目录（器材代码＊，器材名称，规格型号，单位，供应类别，供管类别，保

养类别,保养年限,价格)

出入库单据表(单据号＊,出入库类型＊,库房号,收发货单位,收发货时间,备注)

出入库流水表(单据号＊,出入库类型＊,器材代码＊,计划出入库数量,实际出入库数量)

库存表(器材代码＊,库房号＊,库存数量)

5.6　用户界面设计

5.6.1　输出设计

有人认为,输出只是输入数据和处理逻辑被动的结果,这是错误的。用户最关心的并不是系统采用了何种高新技术,而是系统能够提供给他什么样的信息,以多快的速度、什么样的方式提供给他,这正是输出设计的内容。因此,可以说是用户的要求即输出决定了输入的内容,所以需要把输出设计放在输入设计前面。

1. 输出设计的内容

(1) 有关输出信息使用方面的内容。用户是输出信息的主要使用者,因此,进行输出内容的设计,首先要确定用户在使用信息方面的要求,包括使用目的、使用周期、输出速度、频率、数量、有效期、保管方法等。

(2) 设计输出信息的内容,包括信息形式、输出项目及数据结构、数据类型、位数及 取值范围等。

2. 输出设备与介质

常用的输出设备有显示器、打印机、磁带机、磁盘机、光盘机、绘图仪等。输出介质有纸张、磁带、磁盘、绘图纸等。这些设备和介质各有特点,应根据用户对输出信息的要求,结合现有设备和资金进行选择。

3. 输出形式

管理信息系统常用的输出形式有报表和图形,有时也会采用声音、动画、图像等。

1) 报表

采用报表的形式可以表示详细的数据。图5-11所示为前面的实例——某团装备器材出入库管理系统中出库单打印的界面。

报表一般由表首、表体和表尾三部分组成。表首部分包括标题和表首标志;表体部分反映了报表的内容和用途,是整个报表的实体;表尾则是补充说明

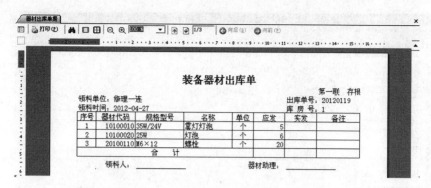

图 5 – 11　器材出入库系统出库单据打印界面

或脚注等信息。

在报表输出中,可以在输出前对显示的内容进行过滤,选择要输出的具体报表。按照如图 5 – 12 所示界面,可以选择具体的单据进行打印。

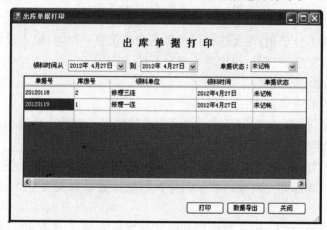

图 5 – 12　器材出入库系统出库单据打印过滤界面

2)图形

图形形式主要有直方图、饼形图、折线图等,可以给出比例或综合发展的信息,可以提供比较信息。图 5 – 13 所示为装备器材资源管理与调度系统中的器材运输路线界面。

5.6.2　输入设计

将机外的信息(主要是原始数据)通过某种介质,输入到计算机内,这种过程称为信息的输入。输出设计完成之后,要根据输出的内容和要求来进行输入设计,输入设计对系统的质量有着决定性的重要影响,如果输入数据有误,即使

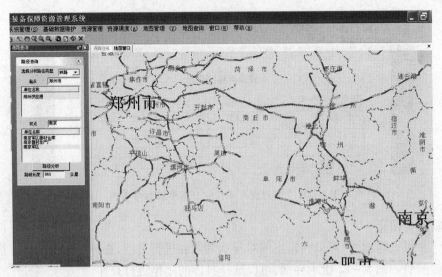

图 5 – 13   器材运输路线界面

计算和处理均十分正确,也无法获得可靠的输出信息。同时,输入设计是信息系统与用户之间交互的纽带,决定着人机交互的效率。

1. 输入设计的原则

输入设计的原则如下:

(1) 最小量原则。在保证满足处理要求的前提下使输入量最小。输入量越小,出错机会越少,花费时间越少,数据一致性越好。

(2) 简单性原则。输入的准备、输入过程应尽量容易,以减少错误的发生。

(3) 早检验原则。对输入数据的检验尽量接近原数据发生点,使错误能及时得到改正。

(4) 少转换原则。输入数据尽量用其处理所需形式记录,以免数据转换介质时发生错误。

2. 确定输入数据的内容

一般来说,输入内容是根据输出功能的要求来确定的,包括确定输入数据项的名称、数据类型、位数和精度、数值范围及输入处理方式等。向计算机输送的原始数据一般要经历采集和预处理的过程。大量的原始数据来源于日常管理对数据的记载,如现场人工记录、台账或数字化仪表的实时数据等。有时为了提高输入操作的效率,可以为输入内容设计一张输入记录单,以便作为输入数据时的原始凭证。所有输入前的数据都必须事先检查其内容和格式的正确性和有效性,然后按输入的要求组织好。这个过程称为数据的采集和预处理过程。

150

3. 输入设备的选择

输入设计要确定输入设备的类型和输入介质,目前常用的输入设备有以下几种:

(1)键盘、磁盘输入设备。键盘输入主要是用于少量数据的录入。磁盘输入则主要是大量数据的一次性导入。

(2)光电阅读器。采用光笔读入光学标记条形码或用扫描仪录入纸上文字。

(3)读卡机。采用 RFID 等进行数据的录入。

(4)终端输入。终端可以用在线方式与主机联系,并及时返回处理结果。

4. 输入检验

输入设计的目标是要尽可能减少数据输入中的错误,在输入设计中,要对全部输入数据设想其可能发生的错误,对其进行校验。

1)输入错误的类型

(1)数据内容的错误。原始数据抄写错误或录入时引起的数据本身的错误。

(2)数据量的错误。数据丢失或重复而引起的数据不足或多余。

(3)数据的延误。输入数据迟缓使处理推迟而产生的差错。

2)数据的校验方法

数据检验的方法有很多,总的来说有人工检查和机器检查两类,也可以两者结合来进行。

(1)重复校验。将同一教据的输入重复执行两次,然后由计算机程序自动予以对比校验。

(2)视觉校验。输入时,由计算机打印或显示输入数据,然后与原始凭证或输入记录单比较,找出差情。

(3)汇总校验。对输入的一批数值数据,用人工求出总值,然后与计算的总值相比较进行校验。

(4)数据类型校验。校验输入数据的类型(是数值型还是字符型),看看是否与原始数据相一致。

(5)格式校验。检查数据记录中数据项的位数和位置是否符合预先规定的格式,如果不符,就认为是数据错位。

(6)逻辑校验。检查输入数据的取值是否合乎逻辑,即进行合理性校验。

(7)界限校验。检查数据项输入的值是否位于规定的范围之内,如是否超出上限或预想指定的区间等。

(8)记录计数校验。通过计算记录的个数来检查记录是否遗漏或重复。

（9）平衡校验。检查相反数据项之间的取值是否平衡,如库存管理中的入库总数是否等于出库总数与结存总数的和等。

（10）对照校验。检查输入的数据是否与预先建立的基础数据文件的内容相匹配。例如,输入的原材料代码,如果在原材料代码对照表文件中找不到,输入就是错的。

（11）逻辑校验。即根据业务上各种数据的逻辑性,检查有无矛盾,如月份最大不会超过12。

（12）校验位校验。参见代码设计当中的校验位校验方法。

上述办法可以根据实际需要综合运用。至于错误的纠正,原则上是一旦发现立即改正,尽可能使差错在进入数据处理之前就得到纠正。

5. 输入设计实例

仍以前面某团装备器材出入库管理为例,图 5 - 14 所示为出库器材的录入界面。

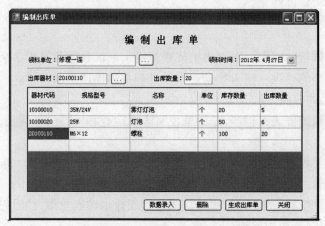

图 5 - 14　出库器材的录入界面

录入之后生成的出库单据是由主信息和明细信息两部分组成,因此录入界面也分为两部分,上面是出库器材的主信息,如器材类型、凭证号、开票日期、出库类型等,下面是明细信息,如器材代码、出库数量、价格等。界面最下方是按钮,提供输入的其他方式以及输入完的提交等。

5.6.3　人机交互界面设计

人与计算机进行信息交流就是人机交互。从这个意义上讲,输入、输出都是人机交互。这里所说的人机交互是指人通过屏幕、键盘等设备与计算机进行信息交换,控制系统运行。人机交互界面设计也称屏幕设计。

人机交互界面设计的好坏,关系到系统的应用与推广。界面设计友好,符合人的操作习惯,则会对用户产生吸引力,提高工作效率;相反,则会直接影响系统的质量。所以,界面设计看似简单,却是要花很多时间去组织的。

1. 人机交互界面设计的原则

遵循下列准则则有助于设计出让用户满意的人机交互界面。

(1)一致性。使用一致的术语,一致的步骤,一致的动作。

(2)减少步骤。应使用户为做某件事情而敲击键盘的次数、点击鼠标的次数、或者下拉菜单的次数,都减至最少。还应使得不同技术水平的用户,为获得有意义的结果所需使用的时间都减至最少。特别应该为熟练用户提供简捷的操作方法(如热键)。

(3)及时提供反馈信息,以便用户知道目前该项工作已经完成到什么程度了。

(4)提供撤销命令,以便用户及时撤销错误动作,消除错误动作造成的后果。

(5)无需记忆。不应该要求用户记住在某个窗口中显示的信息,然后再用到另一个窗口中。此外,在设计人机交互界面时应力求达到下列目标,即用户在使用该系统时用于思考人机交互方法所花费的时间减至最少,而用于做他实际想做的工作所用的时间达到最大值。

(6)易学。人机交互界面应该易学易用,应该提供联机参考资料,以便用户在遇到困难时可随时参阅。

(7)富有吸引力。人机交互界面不仅应该方便、高效,还应该使人在使用时感到心情愉快,能够从中获得乐趣,从而吸引人去使用它。

2. 人机交互界面设计的形式

界面设计一般包括菜单方式、会话方式、操作提示方式、以及权限管理等。

1)菜单(Menu)方式

菜单方式是目前管理信息系统功能选择操作的最常用方式。按目前软件提供的菜单设计工具,菜单的形式可以是下拉、弹出式的,也可以是按钮选择方式的(如 Windows 下所设计的菜单多属这种方式)。图 5–15 所示为某教练团器材仓库管理信息系统主界面中下拉式菜单的设置。

菜单设计中,菜单项的划分要合理。一方面,分类不能过细,过细会使用户感到混乱,菜单项一般不易超过 15 个;另一方面,菜单的设置要把所有的功能都包含在内,不能有遗漏。

2)会话管理方式

在所有的用户界面中,几乎毫无例外地会遇到人机会话问题,最为常见的问

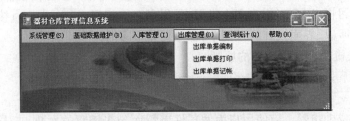

图5-15　教练团器材仓库管理信息
系统主界面中下拉式菜单的设置

题：当用户操作错误时，系统向用户发出提示和警告性的信息；当系统执行用户操作指令遇到两种以上的可能时，系统提示请用户进一步地说明；系统定量分析的结果通过屏幕向用户发出控制型的信息等。图5-16所示为在编制出库单时，领料单位没有输入的情况下点击"出库单生成"按钮系统弹出的提示框。

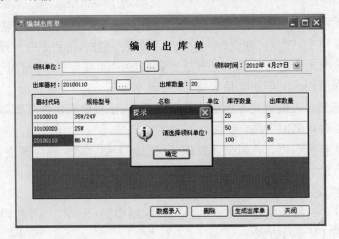

图5-16　对话框示例

3）操作提示方式

为了使用户操作方便，常常把操作提示和要点显示在屏幕上，如图5-17所示。

4）权限管理

管理信息系统一般都会设计一个用户管理界面来进行权限的设置、用户名及密码的设置等。图5-18所示为用户管理界面。

点击"密码设置"按钮，弹出如图5-19所示的修改密码界面。

154

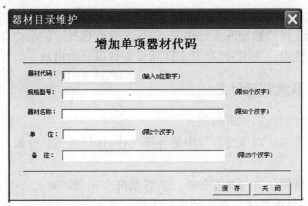

图 5－17　操作提示示例

图 5－18　用户管理界面

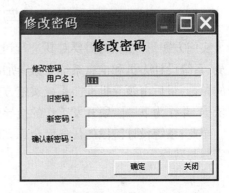

图 5－19　修改密码界面

5.7　建立新系统物理模型

5.7.1　新系统物理模型的内容

主要反映总体设计、代码设计、输出输入设计、数据存储设计、对话设计与可靠性设计等的结果。

（1）系统的总体设计方案：

① 系统总体功能结构图。功能的划分与总体功能结构。

② 系统环境配置方案。设备系统的拓扑结构及硬软件环境配置清单。

③ 子系统与模块处理流程。子系统与功能模块的计算机处理流程及主要加工说明。

（2）新系统的代码体系，包括代码的对象，代码结构及编码规则。

（3）输出、输入和对话的详细设计说明，包括输出、输入和对话设计的内容、方式和格式。

（4）数据文件或数据库设计说明,包括文件或数据库的结构与组织的说明。

（5）可靠性设计说明,包括安全性和保密性设计的措施。

5.7.2　系统实施计划

系统实施计划包括以下内容:

（1）任务分解。对项目开发中的各项工作,按层次进行分解,分配任务及提出进度要求。

（2）实施费用估算与效益分析。估算系统实施所需的人力投入、工程量、时间及其总经费,分析系统实现后的预期效益。

5.7.3　系统设计说明书的编写及评审

实施方案形成之后,需要对其进行讨论与审批。其方法是召开有用户管理人员、系统设计人员和信息系统专家参加的系统设计评审会,对实施方案进行充分的讨论,最后由领导批准。系统实施方案一旦得到批准,即成为系统实施的重要依据,并作为下一阶段开发工作的指导性文件。

至此,系统设计阶段的任务已全部完成,系统开发将进入第三阶段——系统的实施与转换。

5.8　实例——器材入库管理子系统

5.8.1　器材入库管理功能设计

器材入库管理功能设计完成器材的入库管理功能。该模块的结构框图如图5-20所示。

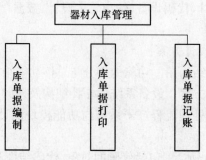

图 5-20　器材入库处理功能结构框图

1. 入库单据编制

1）计算机处理流程图

入库单据编制计算机处理流程图如图 5 - 21 所示。

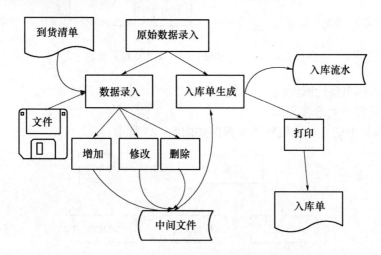

图 5 - 21　入库单据编制计算机处理流程图

2）具体功能

完成单据录入功能,包括以下内容:

（1）数据录入。采用人工、软盘、网络数据传输等方式,完成器材入库原始单据数据的录入功能。单据信息包括如下内容。

① 主信息。包括供货单位、凭证号（器材到货通知单的单据号）、凭证日期（器材到货通知单的开制日期）、开票日期等信息。

② 器材信息。包括器材代码、应收数量等信息,录入方式分为磁盘文件和手工录入（增加、修改、删除）两种方式。

（2）入库单生成。一批入库器材全部录入后,系统自动产生单据号并生成器材入库通知单（可打印输出）说明如下。

① 单据号编号规则　年度（4 位）＋入库顺序流水号（4 位）。

② 生成入库单时,现有库存数量不增加。

2. 入库单据打印

1）计算机处理流程图

入库单据打印计算机处理流程图如图 5 - 22 所示。

2）具体功能

根据选择的单据号,完成器材入库通知单的打印功能。

图 5 - 22   入库单据打印计算机处理流程图

3. 入库单据记账

1）计算机处理流程图

入库单据记账计算机处理流程图如图 5 - 23 所示。

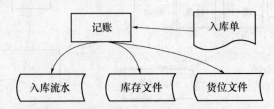

图 5 - 23   入库单据记账计算机处理流程图

2）具体功能

完成器材入库单的记账功能，即按入库单号回填器材实收信息，增加库存数量。

5.8.2   器材入库管理数据库设计

器材入库管理数据库设计包含以下内容：

器材（器材代码＊，器材名称，规格型号，计量单位）

库房（库房号＊，库房名称，面积，保管员）

入库单据（单据号＊，入库日期，发货单位，库房号）

库存（库房号＊，器材代码＊，库存量）

入库流水账（单据号＊，器材代码＊，应收数量，实收数量）

5.8.3   器材入库管理输入输出设计

1. 器材入库操作界面设计示例

器材入库操作界面设计示例如图 5 - 24 所示。

2. 器材信息条件查询界面设计示例

器材信息条件查询界面设计示例如图 5 - 25 所示。

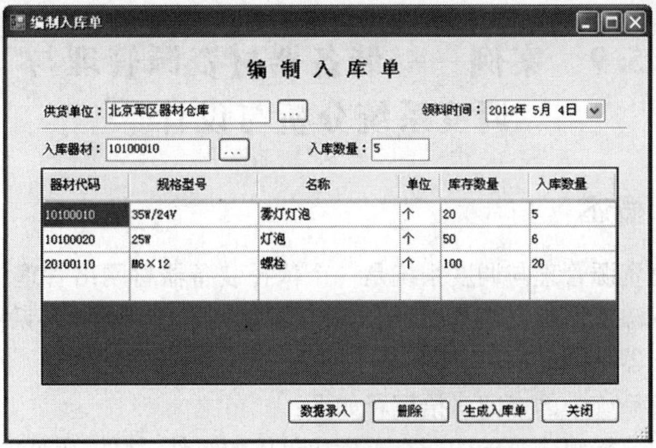

图 5 – 24　器材入库操作界面设计示例

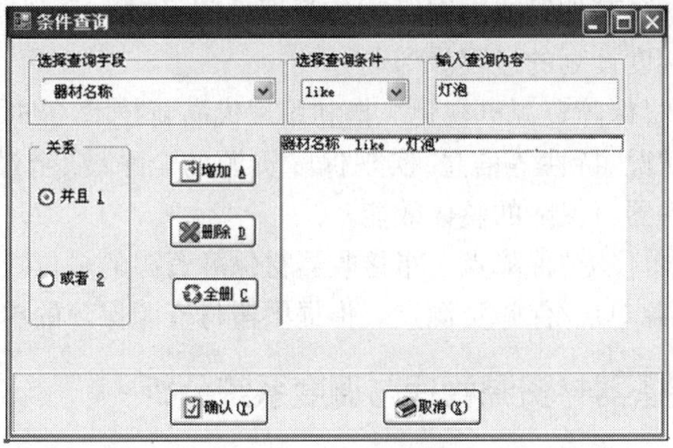

图 5 – 25　器材信息条件查询界面设计示例

3. 器材管理报表设计示例

器材管理报表设计示例如图 5 –26 所示。

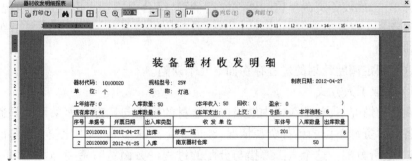

图 5 – 26　器材管理报表设计示例

159

5.9 案例——装备器材资源管理与调度系统分析与设计

5.9.1 概述

装备器材资源管理与调度系统是一个依托装备器材网络管理信息系统,建立应急器材保障资源综合数据库,制定应急器材调度计划的软件系统,目的是解决应急情况下器材的筹措、调度问题。

下面将该系统中的专门术语解释如下:

(1)器材。指组成装备的所有可拆成单体的组件、部件、零件的总称。

(2)装备器材资源调度。指装备应急器材资源保障过程中,由被保障单位提出器材需求开始,基地级或中继级装备管理部门经过一系列器材筹措、订购、分配,最终生成调度计划的过程。

(3)装备器材保障资源可视化。指利用现代高新技术,及时、准确地提供保障资源的位置、状况、特性等信息,实现保障资源的全系统、全过程的可视化管理,从而提高装备器材保障的整体效能。

(4)被保障单位/被保障点。指接收器材保障资源的单位。

(5)保障资源单位/保障资源点。指提供器材资源保障的单位。

5.9.2 装备器材资源管理与调度系统分析

5.9.2.1 初步调查

1. 目前现状

一般情况下,应急器材调度计划的制定过程如下:从某被保障单位提出器材需求开始,基地级或中继级装备器材管理部门根据保障原则,选择可以用于保障的资源单位,比较各资源单位的器材库存情况、综合保障能力以及道路情况等,最终确定一个保障方案,即由哪些保障资源单位提供器材,提供多少,选择怎样的运输路线。

这个制定调度计划的过程存在如下几个缺陷。

1)采取工人方式

在目前情况下,基地级或中继级应急器材的筹措与调度方面采用的是通过查阅各保障资源单位的各种资源情况,经过综合比较,选择其中比较有优势的单位,人工进行分配。这个人工筹措与分配的过程一方面费时费力、效率低下,另一方面带有很大的人为随意性,这些都无法适应应急情况下器材保障必须快速反应和准确调度的特点。

2）数据无法适时更新

制定应急器材调度计划是一个需要有大量器材资源数据支撑的过程,而目前情况下,是需要时才临时拷贝各类数据,没有将所有的资源数据集中管理起来,更不能对其进行适时更新,这样势必降低器材保障的及时性和可靠性。

3）调度过程无法实现可视

目前情况下,对应急器材资源调度的过程不能够实现可视,极大地限制了器材资源调度过程的透明度和直观性。例如,对在储器材只能以普通文本表格等形式进行管理,不能以图形化的方式呈现器材库存情况以及分布状况;对在筹器材无法直观地掌握生产厂分布状况等;对应急器材保障过程,无法直观地参考地理信息及资源点、工厂等的资源状况,无法对调度过程进行可视化控制,进而实时、准确、动态地实施保障。

2. 装备器材资源管理与调度系统的总体目标

根据目前调度过程的现状及存在的问题,可以确定装备器材资源管理与调度系统的总体目标如下:依托装备器材网络管理信息系统,建立应急器材保障资源综合数据库;利用 GIS 技术和 GPS 技术实现保障资源的可视化管理;研究器材保障原则,生成器材调度计划和器材运输计划。

5.9.2.2　技术可行性分析

该系统涉及到的技术主要包括软件的开发技术、可视化技术、数据更新技术等。

1. 软件开发技术

要实现该系统,开发团队首先要具备过硬的软件开发技术,包括系统分析与设计技术、程序设计技术等。该系统的承担单位,多年来致力于装备器材保障信息化方面的研究,掌握着先进的信息系统开发技术,并成功开发过该领域一系列相关的信息系统,积累了丰富的开发经验;在人员方面,拥有多名对器材业务熟练的系统分析人员和设计人员,拥有多名技能精湛的程序设计人员,同时能够为系统的维护使用提供不间断的服务。

2. 可视化技术

目前,利用地理信息系统(GIS)技术来解决可视化问题的应用已相当广泛,如水资源管理可视化、电力资源分配调度可视化、最短抢修问题和物流配送路径优化可视化等,且技术已相当成熟。这为装备保障可视化问题的解决提供了良好的方式,可以购买地方公司如超图公司的 GIS 软件,集成在本系统中,形成包含了基本地理信息的电子地图,然后在此平台上进行二次开发,设置新的图层,添加并管理保障资源信息。采用该方法,调度过程的可视化完全可以实现。

3. 数据更新技术

建立分布式应急器材保障资源综合数据库,依托网络,实现该数据库中的资源数据与装备器材网络管理信息系统以及器材仓库办公自动化系统中的资源数据的共享与同步。

5.9.2.3 详细调查

1. 功能结构调查

该系统所涉及到的职能部门主要有以下几种:

(1) 进行决策的基地级管理部门和中继级管理部门,它们是系统的两级用户。

(2) 提供器材资源保障的保障资源单位。保障资源单位大多是器材仓库,相互之间又可分为基地、中继和基层三个级别,分别承担不同层次的保障任务。另外,器材生产厂也可以看作保障资源单位。

(3) 接收器材资源保障的被保障单位。被保障单位可能是某部队,也可能是应急情况下临时成立的组织。

上述三类部门在器材调度过程中所承担的业务功能如下:

(1) 用户。基地级管理部门组织实施全部装备器材的计划、采购、筹措、储备、分配供应等各项措施与活动;中继级管理部门组织实施本范围内装备器材的计划、筹措、储备、分配供应,当本范围不能满足保障任务时,向基地级部门上报。

(2) 保障资源单位。通常按照基层、中继、基地三个层次依次提供器材保障。

(3) 被保障单位。提出器材需求,接收保障资源。

2. 业务流程调查

应急器材资源调度的业务过程,是由被保障点提出器材需求开始,中继级或基地级装备管理部门经过综合比较各保障资源点资源情况,确定最优的若干个资源点,并发出器材分配的调拨通知单和器材运输计划的工作过程。总结起来,这个过程又可以分解为两部分:资源管理和生成调度方案,其中,资源管理过程为生成调度方案提供了资源数据。

资源管理即对各资源点资源信息进行收集、查询、更新、删除、输出等活动,这个业务过程比较简单,这里不再赘述。

生成调度方案的过程具体如下:首先由被保障点向中继级装备管理部门提出器材申请计划,中继级装备管理部门根据器材需求量和中继级仓库器材库存情况确定筹措方案。如果能够自行保障,则由本中继级管理部门筹措;如果不能自行保障,则由本中继级管理部门向基地级管理部门提出申请,由基地级管理部门协调,进行筹措。基地级管理部门在筹措过程中,一方面要考虑战场急需器材保障的紧迫程度,另一方面要考虑需要器材保障点与仓库的位置远近、仓库的库存情况、运输情况等。常规做法是先协调附近其他中继级仓库进行保障,如还是不能满足保障,则可能直接从基地级仓库筹措器材,运往被保障点;若基地级仓库仍不能满足器材保障需求时,则向相应工厂订货。

该过程的业务流程图如图5-27所示。

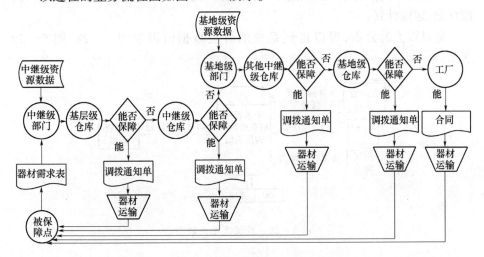

图5-27　装备器材资源管理与调度系统业务流程图

3. 数据流程调查

经过对上面业务流程的综合分析,能够提取出两股信息流:接收和管理信息资源、生成调度计划,这两股信息流的顺序是先有接收和管理信息资源过程,才有生成调度计划过程。因此,相对应地,将要绘制的数据流图顶层图应由两个加工所组成:资源管理和资源调度。

其中,资源管理加工比较简单,还可进一步细化为数据接收、数据维护、数据查询等加工,这里不再赘述。

下面重点来看如何由图5-27的业务流程图得到资源调度加工的数据流图。

假定用户是基地级装备器材管理部门,由图5-27可知,资源调度的业务流程如下:

(1)中继级将器材需求信息上报基地级;

(2)基地级根据保障原则,确定可用于保障的若干个最优的保障资源点;

(3)对所选保障资源点进行排序,对照器材需求以及保障资源点各自的库存情况,依次对其分配保障任务;

（4）如果不能满足保障任务,退回步骤(2),进行循环。

若把循环的内容并做一条业务流,则流程为:接收器材需求 → 选择一种保障原则 → 得到可用保障资源点 → 进行分配,生成调度计划 → 调整得到最终的调度计划。

含在其中的信息流:需求信息→ 保障原则列表→可用保障资源点列表→调度计划、运输计划。

通过以上的分析,可以得到系统的各层数据流图如图 5 - 28、图 5 - 29所示。

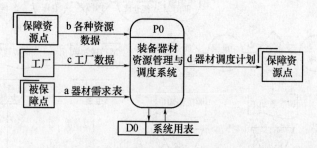

图 5 - 28 数据流图关联图

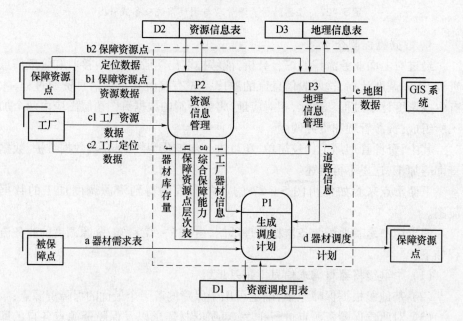

图 5 - 29 数据流图顶层图

164

其中,P1 加工又可分解为如图 5 – 30 所示的数据流图第三层图。

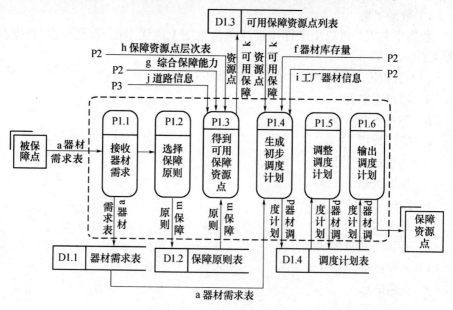

图 5 – 30　数据流图第三层图

上面的五个加工仍然可以继续分解。例如,P1.3 可以进一步分解为如图 5 – 31所示的数据流图第四层图。

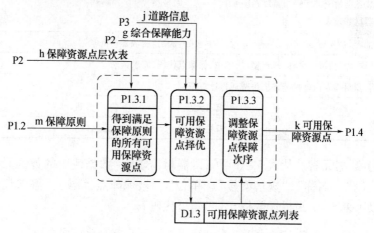

图 5 – 31　数据流图第四层图

4. 数据及功能分析

数据及功能分析阶段可以用数据字典、结构化语言、判定树、判定表等工具对数据流图展开进一步的详细描述。

1）数据字典

数据字典工具可以用来详细描述数据流图上的数据流、数据元素、数据存储、加工和外部项。

（1）数据流。数据流图中的数据流如下：

a　器材需求表

b　各种资源数据

c　工厂数据

d　器材调度计划

e　地图数据

f　器材库存量

g　综合保障能力

h　保障资源点层次表

i　工厂器材信息

j　道路信息

k　可用保障资源点

例如，可以用表5-6来描述数据流 a 器材需求表。

表5-6　描述"器材需求表"数据流的数据字典

系统名:装备器材资源管理与调度系统		编号:a	
条目名:器材需求表		别名:	
来源:外部项"被保障点"		去处:加工"接收器材需求"	
数据流结构:器材代码、名称、规格型号、单位、保障点代码、需求数量			
简要说明:器材需求由被保障点上报或通过计算得到			
修改记录	编写人		日期
	审核人		日期

（2）数据元素。从表5-6可知，"器材需求表"数据流中的数据元素包括："器材代码"、"名称"、"规格型号"、"单位"、"被保障点代码"、"需求数量"。例如，可以用表5-7来描述数据元素"器材代码"。

表5-7　描述"器材代码"数据元素的数据字典

系统名:装备器材资源管理与调度系统	编号:
条目名:器材代码	别名:
属于数据流:器材需求表	存储处:器材需求表

数据元素结构:代码类型:字符型 取值范围:00000001～99999999				
简要说明:器材代码是标识装备器材的唯一字段				
修改记录	编写人		日期	
	审核人		日期	

（3）数据存储。数据流图中的数据存储如下:

D0 系统用表(所有数据存储的概括)

D0 又可分为

    D1 资源调度用表

    D2 资源信息表

    D3 地理信息表

其中,D1 又可分为

    D1.1 器材需求表

    D1.2 保障原则表

    D1.3 可用保障资源点列表

    D1.4 调度计划表

D2 又可分为

    D2.1 保障资源点基本信息表

    D2.2 保障资源点器材情况表

    D2.3 保障资源点人员情况表

    D2.4 保障资源点设施情况表

    D2.5 保障资源点设备情况表

    D2.6 被保障点基本信息表

    D2.7 工厂基本信息表

    D2.8 工厂生产器材表

D3 也可以分为保障资源点、被保障点和工厂三种,这里略。

以 D1.1 为例,描述"器材需求表"数据存储的数据字典见表 5－8。

表 5－8 描述"器材需求表"数据存储的数据字典

系统名:装备器材资源管理与调度系统		编号:D1.1	
条目名:器材需求表		别名:	
存储组织:每个器材一条记录	记录数		主关键字:器材代码
记录组成:器材代码、名称、规格型号、单位、被保障点代码、需求数量			

简要说明				
修改记录	编写人		日期	
	审核人		日期	

（4）加工。数据流图中的加工如下：

P2　资源信息管理

P3　地理信息管理

P1　生成调度计划

P1　又可以分解为

　　P1.1　接收器材需求

　　P1.2　确定保障原则

　　P1.3　得到可用保障资源点

　　P1.4　生成初步调度计划

　　P1.5　调整调度计划

　　P1.6　输出调度计划

例如，描述 P1.3"得到可用保障资源点"的数据字典见表 5-9。

表 5-9　描述"得到可用保障资源点"加工的数据字典

系统名:装备器材资源管理与调度系统	编号:P1.3
条目名:得到可用保障资源点	别名
输入:g　保障能力 　　　h　保障资源点层次表 　　　j　道路需求 　　　m　保障原则	输出:k　用于器材保障的保障资源点
加工逻辑:根据保障原则和保障资源点层次结构,初步得到满足保障原则的所有可用保障资源点,然后参考每个保障资源点的综合保障能力以及距离被保障点的道路状况,从中选择较优的几个保障资源点,最后对选中的保障资源点排列保障次序	

简要说明				
修改记录	编写人		日期	
	审核人		日期	

（5）外部项。数据流图中的外部项只有三个：被保障点、保障资源点和工厂。以被保障点为例，描述"被保障点"外部项的数据字典见表 5-10。

表 5 - 10　　描述"被保障点"外部项的数据字典

系统名:装备器材资源管理与调度系统		编号	
条目名:被保障点		别名	
输入数据流		输出数据流:器材需求	
主要特征			
简要说明:指接收器材保障资源的单位			
修改记录	编写人	日期	
	审核人	日期	

2）结构化语言

结构化语言可以用来形象说明加工逻辑。例如,P1.4"生成器材分配计划"
这个加工,因为涉及条件比较多,直接在存储过程中描述就显得冗长而不直观,
可以用结构化语言来表述如下:

对于可用保障资源点列表中的每一行

如果　库存 ＞ 需求量 则

分配量 = 需求量

如果 库存 ＜ 需求量 则

分配量 = 库存

继续

通过以上对业务流程、数据流程、数据及功能等各个内容的分析,搞清楚了
装备器材资源管理与调度系统的信息流程,找出了信息流程中所涉及到的相关
的信息内容,从而构建起了系统的逻辑方案,为下一步的软件设计奠定了基础。

5.9.3　装备器材资源管理与调度系统设计

装备器材资源管理与调度系统最终是以软件的形式展现给用户的,因此,系
统分析之后还要在这些已确定了的信息需求的基础上,设计将来的软件系统,即
明确软件系统的解决方案,这就是系统设计将要解决的问题。

系统设计分为两个步骤:总体设计和详细设计,其中总体设计是从宏观上构
建起软件系统的整体结构和物理方案;详细设计则是要对这个已初步构建起来
的软件系统的各个主要方面进行具体的设计,如数据库的设计、代码的设计以及
界面方面的设计等。

5.9.3.1　系统总体结构设计

1. 软件系统的总体结构设计

从前面系统分析可知,装备器材资源管理与调度系统主要完成三部分功能:

资源管理、地图管理和生成调度计划。因此,按照功能划分法,可将这三个基本功能作为软件系统的三个子系统。这样的划分也基本符合模块内部内聚性强、模块之间耦合性弱的划分原则;另外,这三个子系统都要用到一些基础数据,如器材基本情况、单位基本情况、器材库存情况等,因此还要设立基础数据管理子系统;最后再加上软件系统大都具有的系统管理模块,用于用户的管理和数据库的维护。这样,装备器材资源管理和调度系统可以从总体上划分为五个子系统,如图 5-32 所示。

图 5-32   功能结构图的顶层

其中,系统管理子系统按照功能划分法可以分为用户管理、数据库管理两个模块。用户管理包括对用户的新增、删除、修改以及权限设置;数据库管理包括对数据库的备份、恢复和升级。

基础数据维护子系统主要是对器材目录、单位目录、车型编码、器材消耗定额、单车标准、器材生产厂等基础数据进行导入、导出和查删改等基本维护,因此按照功能划分法可以分为器材目录维护、单位目录维护等六个模块。

资源管理子系统主要是为生成调度计划子系统提供资源数据,因此,它从功能上首先是接收外部系统提供的各种资源数据,其次是提供这些资源数据的查询维护功能,另外还要进行资源点保障能力评估。因此,该子系统按照功能划分法可以划分为三个模块:保障资源点信息设置、保障资源点保障能力评估和保障资源点信息查询(这里的资源点将工厂包含在内了)。

地图管理子系统与资源管理子系统一样,在功能上一方面要接收外部系统提供的地图信息来进行图上定位,另一方面为本系统提供地图资源的查询功能,如对被保障点、保障资源点等的位置、道路、资源方面的查询。因此,按照功能划分法,该子系统可以分为两个模块:图上资源设置和图上资源查询。

生成调度计划子系统是最核心的一个子系统,它的业务顺序很强,因此可以按照顺序划分法来对其进行划分,参考数据流图 5-30,生成调度计划子系统可以划分成五个模块：确定保障需求、确定保障原则、确定可用保障资源点、生成初步调度计划、调整并输出调度计划。

其中，确定保障需求模块主要是接收上报来的器材初始需求，并可对其进行维护。因此，按照顺序划分法可以继续划分为三个子模块：录入保障需求、维护保障需求、保存保障需求。

确定保障原则模块主要是选择保障的基本原则，并对选好的原则排列优先次序，最后进行保存，因此按照功能划分法可以划分为三个子模块：录入保障原则、调整保障原则、保存保障原则。

确定可用保障资源点也是一个顺序性比较强的过程，首先根据保障原则来确定所有满足保障原则的保障资源点，然后对照这些保障资源点的综合保障能力和道路情况对其进行筛选，确定最终要参与器材保障的保障资源点，最后还需对其排列分配的先后顺序。因此，参考数据流图 5－31，按照顺序划分法可将该模块划分为三个子模块：确定所有可用保障资源点、选择可用保障资源点、可用保障资源点排序。

生成初步调度计划的过程从前面的流程分析中可以看出，是首先对照参与分配的资源点的库存情况和器材需求数量，对各保障资源点依次进行分配，分配结束后，生成初步的分配计划，如果保障资源点的资源不能满足需求，则要考虑工厂订购，并生成订购器材计划，最后各保障资源点的道路情况生成器材运输计划。因此，参考前面的数据流程，按照顺序划分法可将该模块划分为三个子模块：生成分配计划、生成订购计划和生成运输计划。

调整和输出调度很简单，可以按照功能划分法对其进行划分。

通过前面的分析，可以得到该系统的整体功能结构图，如图 5－33 所示。

2. 系统与外部系统的交互关系

装备器材资源管理与调度系统不是一个孤立的系统，它一方面依托装备器材网络管理信息系统提供保障资源点器材信息，依托器材仓库办公自动化系统提供保障资源点的人员、设施设备等信息，依托地理信息系统提供地理数据，从而形成系统的保障资源综合数据库；另一方面，系统生成的调度计划要传输给器材保障指挥控制系统，进而生成正式的调度方案。因此，系统与外部系统的交互关系如图 5－34 所示。

5.9.3.2　系统环境的配置

1. 系统的网络拓扑结构

装备器材资源管理与调度系统的用户是中继级管理部门和基地级管理部门两级，因此，需要采取网络方式的分布式方案。中继级和基地级两级用户通过网络建立一个共享的分布式数据库，各保障资源点资源数据通过汇总集中放置在

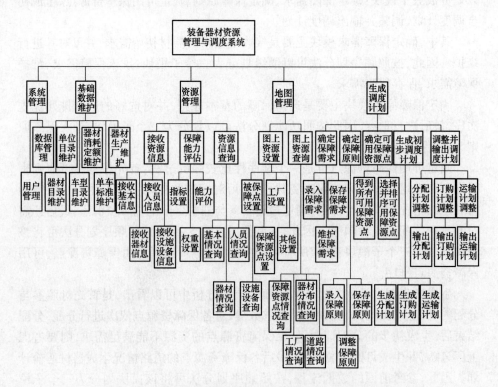

图 5-33　装备器材资源管理与调度系统整体功能结构图

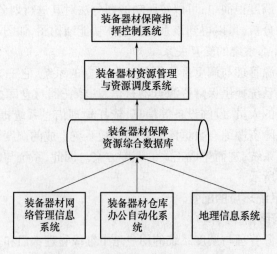

图 5-34　系统与外部系统的交互关系

各信息中心,基地级信息中心由全部资源数据的副本组成。装备器材资源管理与调度系统的基地级版和中继级版分别放置在基地级和中继级,均通过网络与各自的信息中心相连,获取后台数据。系统的网络拓扑图如图 5-35 所示。

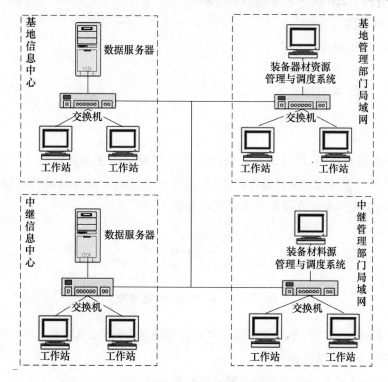

图 5-35　系统的网络拓扑图

2. 机器选型

1）计算机(或服务器)

工作站:基本为 PC 机。

服务器:IBM 高性能服务器。

2）通信设备

远程通信可以通过军用信息网络进行。

3. 软件配置

（1）操作系统采用 Windows。

（2）中文系统。Microsoft Office。

（3）数据库管理系统采用 SQL SERVER。

（4）开发工具采用 Visual Studio. NET。

5.9.3.3　代码设计

常用的代码种类主要是顺序码、区间码和助记码,根据每种代码的特点,可为前面数据字典中的一些字段设计代码。

1. 顺序码

例如,单位类型:

　　　01　保障资源点

　　　02　被保障点

　　　03　工厂

2. 区间码

例如,器材代码:可以设置为由八位字符型数字组成。其中前三位表示类别,如底盘类、车体类、电器类等,后五位是序列号。为了保证编码的正确性,后面可以增加校验位。八位装备器材代码如图5-36所示。

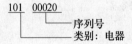

图5-36　器材代码设计说明图

其他如单位代码、车型代码等也可以设计成区间码,这里略。

5.9.3.4　数据库设计

下面按照关系数据库设计步骤来设计数据库。

1. 概念结构设计

分析前面的业务流程图和数据流图,得出该系统的主要业务过程是:由保障点提出保障需求开始,经过一系列的计划、筹措,最终形成保障方案,从而实现资源点到保障点之间的器材保障。因此,该系统最主要的信息关系就是三个实体:被保障点、保障资源点和器材之间的多对多的供应关系。这样一个供应关系又是由其他关系来驱动的,如被保障点与器材之间的需求关系、保障资源点与器材之间的存储关系、保障资源点之间的隶属关系、工厂与器材之间的生产关系等。由此分析可以得到系统的 E - R 图,如图5-37所示。

2. 逻辑结构设计

逻辑结构设计的重点是设计数据库的关系模式。常用的方法是根据转换规则将概念结构设计阶段得到的 E - R 图直接转换成关系模式。

转换规则见表5-11。

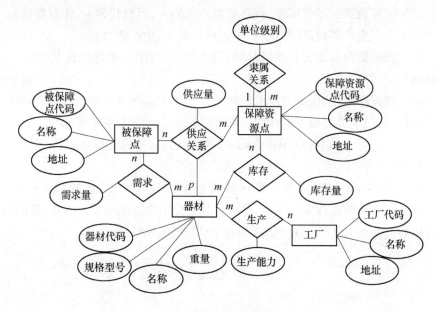

图 5-37 系统的 E-R 图

表 5-11　E-R 图向关系模式转换的规则

E-R 图中的元素		转　换　规　则
实体集		转换成关系模式名称
属性		转换成关系模式属性
联系	一对一	作为属性,并入两端实体集中任一端转换来的关系模式当中
	一对多	转换成独立的关系模式,关系模式的属性是两端实体转换来的关系模式的主码以及联系自身的属性,关系模式的主码是多端实体的主码
	多对多	转换成独立的关系模式,关系模式的属性是两端实体转换来的关系模式的主码以及联系自身的属性,关系模式的主码是两端实体主码的联合

根据转换规则,得到以下九个关系模式:

(1) 被保障单位(被保障点代码*,名称,地址)。

(2) 保障资源单位(保障资源点代码*,名称,地址)。

(3) 工厂(工厂代码*,名称,地址)。

(4) 器材目录(器材代码*,规格型号,名称,重量)。

(5) 供应(被保障点代码*,保障资源点代码*,器材代码*,供应数量)。

(6) 保障需求(被保障点代码*,器材代码*,需求数量)。

175

（7）保障资源点器材库存（保障资源点代码＊，器材代码＊，库存数量）。

（8）工厂生产器材（工厂代码＊，器材代码＊，生产能力）。

（9）保障资源点隶属关系（保障资源点代码＊，上级保障资源点代码＊，单位级别）。

由于被保障单位、保障资源单位和工厂三个关系模式均是用来描述单位基本信息的，只是单位类型不同，因此，可将它们并作一个关系模式，即

单位目录（单位代码＊，名称，地址，单位类型）

3. 物理结构设计

在 SQL Server 2000 中可以将这些关系模式具体实现，步骤如下：首先在 SQL Server 2000 新建数据库 zydd，然后在其下分别建立七个关系模式，最后填充表的内容。图 5－38 所示为 SQL Server 2000 中的界面。

图 5－38 SQL Server 2000 界面

5.9.3.5 用户界面设计

根据用户的不同需要和每个设计人员的不同设计风格，界面的设计将会不同。例如，系统的主界面可以设计成菜单形式，如图 5－39 所示。

该系统最终是要输出打印的保障计划和屏幕显示的运输计划，如图 5－40、图 5－41 所示。

图 5－42 显示了从保障资源点郑州器材仓库到被保障单位南京某部队的铁路最优路径。

176

图 5-39 系统主界面

图 5-40 保障计划打印界面

图 5-41 保障计划打印结果

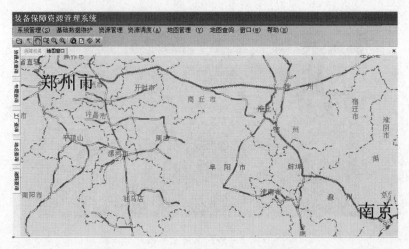

图 5-42　铁路运输计划的屏幕显示结果

思　考　题

1. 系统设计有哪些主要的工作？为什么说系统设计阶段也称为系统的物理设计阶段？

2. 系统设计的各项任务、工作流程及各步骤产生的文档是什么？

3. 什么是系统的总体结构设计？

4. 系统功能划分有哪些方法？它们各有什么特点？功能模块分解的原则是什么？

5. 系统环境配置包括哪些内容？你认为在机器选型和配置软件时有什么要注意的事项？

6. 在管理信息系统中代码有什么作用？代码设计的原则是什么？

7. 代码结构有哪些常见的类型？试举例说明它们的优缺点？

8. 试以原材料库存管理为例,详细叙述代码设计的任务与方法？

9. 数据库设计的步骤是什么？目前有哪两种设计方式？

10. 简述由 E-R 图转换为关系模式的一般原则。

11. 基于 3NF 的数据库设计方法的步骤是什么？

12. 输出设计的内容是什么？有哪些常用的显示和打印输出格式？

13. 什么是输入设计？输入设计应遵循什么原则？表格式输入和全屏编辑方式有什么区别？它们各有什么优点和缺点？

14. 为什么要对输入数据进行校验？有哪些常用的校验方法？

15. 假设某产品销售文件的数据如下:

基本数据项	日期	单据号	客户代码	产品代码	单位	单价	数量	金额	已付款	未付款
示例	96/06/08	112024	1021	2101	kg	20.18	1000	20180	10000	10180

试利用 SQL SERVER 设计一存储产品销售数据的数据表。

16. 试以学生学籍管理为例,就设计一个包含学生入学信息,基本情况,异动与奖惩信息,以及有关代码对照信息的数据库,提出你的设想方案,并说明其特点。

17. 设计一个好的数据库逻辑结构的参考准则是什么?试结合你的实践谈几点体会。

18. 新系统的物理模型指的是什么?系统的实施方案应包括哪些主要内容?如何进行系统设计的评审?

第6章 系统实施

6.1 概 述

　　系统实施是系统开发的最后一个阶段,是将系统分析与设计的结果转换为可以在计算机上具体执行的软件系统,其过程就是将设计图纸上的新系统方案变成用户看得见、可运行、能够帮用户完成所需功能的软件系统。

　　系统实施阶段的主要任务是按照系统设计说明书的要求,完成系统环境的实施、数据库系统的建立、程序设计、测试、人员培训以及系统的转换。

　　按照系统实现的各项任务和它们的先后顺序,本阶段的工作流程和产生的有关文档可用图 6-1 所示过程模型来描述。

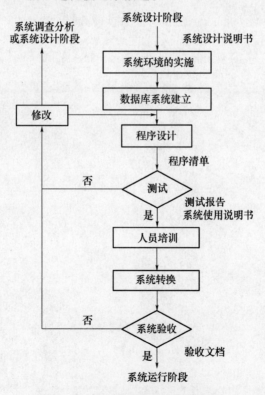

图 6-1　系统实施阶段的过程模型

本阶段中,系统环境的实施环节是指购置和安装新系统的硬件、软件以及机房的准备等一系列活动,该项活动只需按照系统设计阶段的要求和可行性报告对财力资源的分析,选择好适当的设备,通知供货厂家按需求供货并安装即可。数据库系统建立环节也相对简单,如果前面的数据流程分析、数据库设计工作进行得比较规范,而且开发者又对数据库技术比较熟悉的话,按照数据库设计的要求建立起一个大型的数据库结构(不包括输入数据)也并非太难。本章将重点讨论后几项耗时较多、工作量较大的工作。

前几章强调了自顶向下的结构化系统设计思想,本章则强调自底向上的逐步开发方法,即先开发一个个的模块,然后再逐步建立起整个系统。

6.2 程 序 设 计

程序设计的任务就是使用选定的计算机程序设计语言,把系统设计阶段得到的各模块的信息处理功能和过程描述转换成能在计算机系统上运行的程序源代码。为保证编程工作正确而顺利进行,程序设计人员必须仔细阅读系统设计的全部文档资料,充分理解程序模块的内部过程和外部接口。

6.2.1　程序设计的质量要求

1. 可靠性

程序的可靠性在任何时候都是衡量系统质量的首要指标。程序的可靠性表现在程序运行的正确性与系统较好的容错性,即程序不仅在正常情况下能准确地取得预期的效果,而且对错误或不合理的操作以及意外情况有适当的处理能力。

2. 可读性

源程序除了可以被计算机系统识别、解释(或编译)和运行外,还必须容易被别人读懂。因为程序编写完后,还要进行测试和维护工作,这些工作需要对源程序进行修改。一个很难被读懂的程序也是很难被修改的程序。程序的可读性主要表现在良好的编程风格上,对于系统的划分、书写的格式、变量的命名等都应有统一的规范。例如,在程序中插入大量的解释性语句,以对程序中的变量、功能、特殊处理细节等进行解释等。

3. 可维护性

由于程序可能有不完善之处,系统运行的环境、技术、业务需求的变化也会导致新的需求的出现,因此系统的维护总是难免的。程序的可维护性主要体现在程序各部分独立性强,不会发生那种在维护时牵一发而动全身的连锁反应。

为了使维护工作简单易行,提高程序的可读性,提倡模块化、结构化编程以及采用软件重用技术是非常必要的。

6.2.2 程序设计方法

程序设计方法有多种,但不论采用什么样的方法,先要明确编程的目的是为了实现开发者在系统分析和系统设计中提出的管理方法和管理构想,编程不是系统开发的目的。因此在编程和实现中,建议尽量借用已有的程序和各种开发工具,尽快尽好地实现系统,同时保证程序的正确性、可读性和可维护性。

目前,程序设计方法主要包括以下几种。

1. 结构化的程序设计方法

当某些系统开发过程不够规范,特别是模块划分不够细,或者是由于特殊业务处理的需要而使程序模块较大,传统的结构化程序设计方法不失为一种有效方法。结构化程序设计方法主要强调的是以自顶向下逐步求精的思想进行程序模块的划分;用一组单入口单出口的基本控制结构及反复嵌套来进行程序设计,尽可能不采用无条件转移(GOTO)语句。结构化的程序设计方法编写的程序可以由顺序结构、循环结构和选择结构三种基本控制结构及其组合来实现。

2. 面向对象的程序设计方法

面向对象程序设计方法,以对象和类为基本构件,以方法、消息和继承性为基本机制,其基本思想和手段是提高软件开发的抽象层次与软件的重用性,把程序设计的焦点集中在类和类层次结构的设计、实现和重用上,大大提高了程序设计的能力。

实际上,在程序设计的组织过程中,不论采用哪种方法,尽快地开发出实用的系统才是最重要的。所以利用已有的软件工具往往可以方便、快捷地开发出新系统,这包括充分利用本系统原有的程序模块或开发者能够借用的程序,以及尽可能利用目前计算机上已有的软件工具来帮助完成编程工作。这样做既可以做得比较规范,又能减少编程的工作量,还能使程序的质量和功能达到更好的效果。

6.3 测 试

系统在编程完毕,投入使用之前需要进行全面的测试,其目的是发现程序和系统中可能存在的错误并及时予以纠正。开发较大规模的系统,系统测试的工作量大约占整个软件开发工作量的50%左右。

6.3.1 系统测试的基本原则

为了使测试工作更加合理和有效,系统测试应遵循下面几条基本原则:

(1) 测试工作应避免完全由原开发软件的个人和小组来承担。测试工作应该有组织有计划地进行,由开发人员、独立的测试小组与用户共同参与完成。开发人员测试源程序的逻辑结构以及实现细节,独立的测试小组按照系统分析与设计说明书测试程序是否符合要求,用户测试系统是否满足自己的需求。各类人员互相协调以保证测试工作的顺利进行。

(2) 测试工作的目标是发现错误和纠正错误,而不是去证明程序没有错。这里强调两点,一是对于一个复杂的系统而言,无论采取什么样的测试手段都不能证明错误已经不复存在,因此在实践中,测试要考虑时间、费用等限制,不允许进行无休止的测试;二是测试工作应紧紧围绕发现和纠正错误而展开。所谓的错误,从广义上说,不仅仅指程序运行的正确性,还包括容错性、性能与效率、易用性等方面,所以在设计测试数据和测试用例的时候,既要包括正确的数据及操作,还要包括异常和错误的数据及操作。

(3) 不仅要检验程序做了该做的事,还要检查程序是否同时做了不该做的事。

(4) 测试过程中形成的记录资料应当保存。测试中形成的测试计划与人员分工、测试用例、测试数据及预期输出结果、错误现场记录、原因分析与纠正措施等资料,不仅是日后再测试的参考,而且是系统测试报告的组成部分。

6.3.2 测试的方法

测试的关键是要发现错误,因为只要发现错误,纠正就不难做到。怎样才能有效地发现错误呢? 目前通常采用的有如下两种方法。

1. 静态测试法

即用人工的方式对文档、程序、数据等资料进行审核,找出其中的错误。这种方法不用运行程序,完全靠测试人员从文字资料的字里行间中进行检查,因而是一种静态的测试方法。

2. 动态测试法

即通过程序系统的运行,在程序的动态执行中检查和发现错误。动态测试的基本方法有白盒测试和黑盒测试两种。白盒测试又称结构测试,它把软件看作一个透明的白盒子,对软件的逻辑结构以及实现细节进行测试,一般由开发人员自己执行,因为其他测试人员不了解程序的内部细节。黑盒测试又称功能测试,它把软件看作一个黑盒子,按照系统分析与设计说明书来测试软件是否符合功能要求,它关心的是程序的外部表现而非内部实现细节,一般由独立的测试小组或用户执行。

6.3.3　测试的步骤

测试工作一般有以下四个步骤:单元测试(Unit Testing)、集成测试(Integrated Testing)、确认测试(Validation Testing)以及系统测试(System Testing),其过程如图6-2所示。

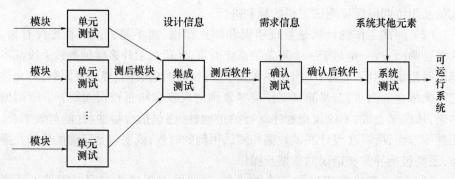

图6-2　测试步骤

1. 单元测试

单元测试也称为模块测试,是针对软件设计的最小单位——程序模块,进行检验的测试工作。其目的在于发现各模块内部可能存在的各种差错。多个模块可以平行地独立进行单元测试。

单元测试的内容主要是对模块的几个方面测试:接口、局部数据结构、边界条件、出错处理、控制逻辑等。程序模块的接口测试,主要是检查程序模块之间的数据流和控制流。例如,调用变量的属性与模块的参数属性的匹配问题、传送的变量与模块中的参数次序问题等都是测试的重点问题。模块中的局部变量问题应该从多个角度进行测试,因为这往往是错误的来源。这项错误主要是针对模块中使用变量的初始化问题、数据类型的相容问题、全程数据变量对模块的影响程度问题等。边界条件的测试是比较重要的问题,因为软件的失效往往就发生在它的边界上。例如,显示一个查询结果,当没有符合条件的记录时,模块是否能给出正确的提示和显示。

2. 集成测试

集成测试是把已测试过的模块组装起来进行的测试,也称为组装测试。

集成测试重点是测试模块之间的接口。例如,在把各个模块连接起来的时侯,穿越模块接口的数据是否会丢失;一个模块的功能是否会对另一个模块的功

184

能产生不利的影响;各个子功能组合起来,能否达到预期要求的父功能等。

以器材入库处理为例,当"入库单生成"模块生成一张入库单据后,"入库回填"模块就应该能够调出这张单据,"单据查询"模块就应该能够查询到这张单据的信息。因此,要确保程序在一起运行时数据能够正确传输,就需要将这三个模块连接在一起测试。

3. 确认测试

确认测试是以整个软件作为测试对象,采用黑盒测试的方法,检查软件是否满足了需求规格说明中确定了的各种需求。

确认测试内容除了检查软件的功能和性能是否满足需求规格说明书列出的需求外,还要对软件的可移植性、兼容性、出错自动恢复、可维护性等其他软件需求进行测试。

4. 系统测试

系统测试是将通过确认测试的软件作为整个基于计算机系统的一个元素,与计算机硬件、外设、某些支持软件、数据和人员等其他系统元素结合在一起,在实际运行环境中进行的测试。系统测试用以保证系统的各个组成部分能够协调运行。

系统测试完成后,应编写测试报告和用户手册。

6.4 人 员 培 训

一个成功的信息系统需要对用户进行培训,这是因为整个系统开发的成功,要依赖于人们是否理解它,是否知道如何有效地使用它。所以,对系统操作人员进行操作培训,对管理人员进行运行和维护培训是信息系统开发过程中不可缺少的一项工作。

1. 系统操作人员的培训

系统操作人员是信息系统的主要使用者,对这类人员的培训主要包括以下内容:

（1）系统的概貌及整体结构。

（2）系统所使用到的关键术语。

（3）系统分析设计思想和解决问题的步骤。

（4）系统运行的平台,所用的主要软件工具。

（5）系统的操作与使用,包括各种数据、文字的输入,相关信息的输出等。

（6）系统操作中的各种注意事项。

（7）系统中有关数据的收集、过滤、审核、统计的方法。

（8）系统运行过程中可能出现的故障及其排除方法。

（9）系统文档资料的分类以及检索方式。

2. 运行管理人员的培训

由于系统的运行与管理维护工作主要是由用户方完成的，因此有必要对用户方今后负责系统运行维护的人员进行培训。对这类人员的培训主要包括以下内容：

（1）项目的背景、由来，以及对组织目标的支持。

（2）系统的功能、总体结构和详细结构。

（3）熟悉系统开发中的各种文档资料。

（4）系统中的流程和所涉及的各种技术问题。

（5）对各种问题的具体解决方法。

（6）系统的输入、处理、输出、流量、负载、通信等问题。

（7）系统运行、维护过程中需要注意的问题。

总之，通过对运行维护人员的培训，应该使他们对系统如何运转、如何支持组织需求、用户如何使用系统、执行任务必须具备哪些技能都有非常清楚的认识。实际上，对这类人员的培训，在系统开发的一开始就可以进行，如让他们一起参与开发的整个过程，使他们一边开发，一边学习。当然，他们也可以直接参与对操作人员的培训过程。

6.5 系 统 转 换

这是一个从旧的信息系统向新的信息系统的转换过程，转换的最终结果是将系统的控制权交给用户。

6.5.1 系统转换的内容

1. 数据的转换

数据的转换就是将原人工管理系统或旧系统的数据，按照新的结构和组织要求，转换为新系统的数据。这项工作有一定难度，工作量也比较大。如果原来是人工处理的，就要将原始数据逐一通过输入模块，输入到新的系统；如果原来是一个旧的信息系统，就要将旧的数据经过重新解释和重新组织之后（通常是用程序来自动进行），转存到新的系统。另外，新系统所需的基础数据，如代码、系统参数的初值、操作员的口令、权限等等，都要在这个时候输入。

2. 系统环境的转换

这是指人员、设备、组织机构的改造和调整，如成立新的组织机构、配备各种层次的管理人员和技术人员、全面启用机器设备与执行新系统订立的规章制度等。

3. 资料建档与移交

开发期间所有建立的文档资料应该经过收集整理后移交给用户妥为保存。

6.5.2 系统转换的方式

系统转换的方式有三种,如图6-3所示。

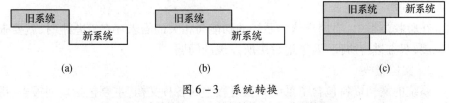

图6-3 系统转换

(a) 直接转换;(b) 并行转换;(c) 分段转换。

1. 直接转换

直接转换是指在某一特定时刻,旧系统停止使用,同时新系统投入使用,中间没有过渡阶段。这种方式简单,节约了人员、设备的费用,但风险较大,一般适用于一些处理过程不太复杂、数据不很多、应用场合不是很重要的情况。例如,电话号码的升位就采用了这种方式。对于比较复杂或者重要的系统,则不可以采用这种方式。

2. 并行转换

这种方式是新旧系统有一段并行期,在并行期间,新旧系统并存,各自运行,相互对比。经过一段时间的检验,认为新系统可以完全胜任之后,再终止旧系统的运行。这种方法保证了转换期间工作不致间断,风险比较小,但投入的人力和费用比较多。例如,银行、金融行业以及一些企业的核心系统经常采用这种方式来保证新旧系统的平稳过渡。

3. 分段转换

分段转换实际是上面两种转换方式的结合,即新系统投入运行时要按阶段或模块来进行,是一部分一部分地替代旧系统。分段转换既保证了可靠性,又不至于费用太大。但是这种方式对系统的设计和实现都有一定的要求,否则是无法实现这种分段转换的设想的。这种转换方式适用于较大的系统。

6.6 系 统 验 收

系统经过转换并交付使用之后,系统开发的实质性工作就算全部结束了。

187

通常,用户和开发人员还需要对系统开发工作进行总结,并组织对系统的验收工作。验收主要从下面两个方面进行。

1. 系统验收

验收过程以用户为主,系统开发人员参加。用户在对系统进行验收时,将严格按照开发时期提出的需求及相关说明书,逐项进行验收,以确定系统的特性与需求的相符情况。在整个验收过程中,还包括了对系统运行效率的验收,系统的可维护性、容错性的验收,以及系统的安装、运行环境、相关配置及系统的配套等方面的验收。

在验收过程中,当用户认为系统的功能与相关的需求存在着差距时,就要查找原因,双方进行协商,妥善地解决所发现的问题。

2. 文档验收

系统的文档资料包含了系统开发过程中的各种文档,主要包括规划报告、系统的需求说明书、系统设计说明书、系统验收报告、用户手册及系统开发工作总结报告等。系统开发人员应该能够提供有关开发过程中的详细文档资料。

在国外,许多开发商都使用一种规范的用户验收文档。这种文档是一种系统安装或系统完成阶段的陈述被认可后,由用户签署的一种规范协议。用户验收文档是一种法律性质的文档,在用户签署验收文档后系统又出现问题时,通常用它来区分、排除或减少系统开发人员与用户之间的责任。

系统验收工作的完成,标志着系统即将进入长时期的运行,直到系统的终结以及又一个新的系统的诞生。

思 考 题

1. 系统实施阶段的四大任务是什么? 试述本阶段各项任务之间的关系及各步骤应产生的文档名称。

2. 系统环境实施的任务是什么? 它们有哪些具体工作要做,要注意些什么事项?

3. 装备保障管理信息系统的程序有什么特点? 掌握这些特点对管理信息系统的程序设计有什么启示和帮助?

4. 你认为目前在管理信息系统的程序设计中,有哪些最基本的方法? 它们的基本思想是什么?

5. 论述功能控制模块的一般处理流程?

6. 输入模块程序的一般处理流程是什么? 试为学员学籍卡片(自行设计内

容)编写一个表格式输入程序。

7. 输出模块程序的一般处理流程是什么？试为学员考试成绩表编写一个打印输出程序。

8. 什么是程序的通用性？程序的通用性设计有什么主要的方法？

9. 系统测试的任务和基本工作原则是什么？系统测试过程分哪些阶段？它和系统开发过程的关系如何？

10. 系统测试各阶段的目标、做法和需要着重检查的内容是什么？

11. 什么是静态测试法？什么是动态测试法？它们的主要区别在哪里？

12. 系统使用说明书的作用是什么？其内容包括哪几个方面？

13. 系统转换前为什么要进行人员培训？培训的内容是什么？

14. 系统转换指的是什么过程？它包括哪些方面的工作要做？

15. 系统转换有哪些方式？它们的特点是什么？

16. 组织和实施系统验收的工作要点是什么？系统验收要求提供哪些文档以及如何组织验收测试？

第7章 系统运行管理

7.1 概　述

系统交付给用户使用后,便进入了长期的运行管理阶段,系统的价值正是在这一阶段体现出来的。然而系统价值能否充分发挥,不仅取决于用户本身对系统的运行管理情况,还取决于开放方交付系统后能够对用户提供的帮助和支持。

系统运行阶段是用户和开发方共同合作的阶段。系统运行阶段的主要任务包括用户对系统运行的日常管理、开发方对用户提供的技术支持工作、系统的修改和扩充以及对系统运行情况的评价,运行阶段的各项工作之间没有严格的先后顺序,如图7-1所示。

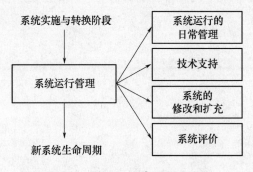

图7-1　系统运行管理阶段模型

7.2　系统运行的日常管理

信息系统投入使用后,系统运行时的日常管理工作基本上就由用户自己负责完成了。用户进行的日常管理工作,不仅仅包括用户通过系统完成例行的业务工作,还包括为保证系统能够正常运作和日后评价和扩充而进行的必要的工作,如系统运行情况的记录、设备的运行和维护、系统安全管理等。

1. 例行的业务工作

信息系统交付给用户使用后,用户就要通过系统提供的功能完成例行的业务工作了。比如数据的审核和录入、数据的更新、数据的备份和恢复、报表生成、统计分析等。这些工作由用户按照事先规定好的规则进行操作即可。

2. 系统运行情况的记录

信息系统运行情况的记录是系统管理、评价的基础,也是当系统发生故障时,对系统进行修复的线索。记录的内容包括下面几个方面:

(1)操作记录。如开关机时间,操作人员,功能的选择与执行,数据的备份与恢复等。

(2)系统所提供的信息服务的质量,如用户需要的信息能否及时得到,信息的精度是否达到,用户的需求是否能够得到满足等。这些信息不仅是系统评价的基础,也是日后系统扩充的依据。

(3)系统维护。系统中的数据、软件、硬件都有一定的更新、维护和检修的工作规程,对于维护工作的时间、内容、情况、执行人员等要进行记录。

(4)系统故障及处理方法。由于软件或硬件的问题,会导致系统不能正常运行或无法运行,这些情况都要有详细及时的记载,包括故障发生的时间、故障的现象、原因分析、处理的人员和方法等。

3. 设备的运行维护

设备是系统运行的物质基础,一般应该由专人负责。这项工作通常包括设备的使用管理、各种耗材(如打印纸、光盘等)的使用管理、工作的环境管理、与设备厂商联系设备维修等事宜。

4. 系统安全管理

系统安全管理指为了防止系统内部和外部对系统资源不合法的使用和访问,保证系统的硬件、软件和数据不因偶然或人为的因素而遭到破坏、泄露、修改和复制,维护正当的信息活动,保证信息系统安全运行所采取的措施。系统的安全管理,不光要从技术上进行保证,还要从制度上进行保证。

7.3 技 术 支 持

虽然系统在交付给用户使用之前,已对用户做了充足的培训工作,但是用户在使用过程中仍然会出现各种问题。产生这种现象的原因很多。例如,由于新的信息技术的使用,使得用户在培训时不能理解全部的内容,由于工作变动,新老用户没有交接好,或者由于系统本身固有的缺陷、问题等。当出现问题时,大部分用户会选择向开发方寻求帮助,而开发方则会为用户提供一定的服务和帮助。对于系统本身固有的缺陷和问题,开发方应尽快完成修改维护工作,具体方法将在下一节介绍。对于用户使用和操作方面的问题,开发方提供指导或帮助其执行,必要时可以对用户进行再培训。

7.4　系统维护

由于系统本身存在的缺陷和错误以及用户需求的不断变化,开发方为了更好地满足用户的需求和为用户提供信息服务,需要对系统进行必要的修改和扩充,即系统维护。系统维护工作将贯穿于系统运行过程之中。系统缺陷和错误源自于系统开发的各个阶段,而这些问题在测试过程中不可能被全部发现。用户需求变化的原因很多,可能是开发方和用户对需求的理解产生了歧异需要更正,可能是用户方的业务过程发生了变动使得用户产生新的需求,也可能是组织机构、相关的政策法规、软硬件技术的发展使得用户的需求发生变化等。

1. 系统维护的类型

针对系统运行过程中出现得问题,可以将信息系统维护的类型分为正确性维护、适应性维护和完善性维护三种。在对系统进行维护时,为避免引入新的问题,维护工作在进行任何修改前都要做认真的分析,一般也要经历调查、分析、设计和测试等几个阶段,同时更新相应的文档。另外维护工作应该在副本上进行,并以新版本的形式下发。

1）纠错性维护

纠错性维护是对运行系统的错误进行诊断和改正。当系统出现的错误影响了业务的正常秩序,如器材决算上报统计数据错误,只要证据确凿,就需要立刻对系统进行维护处理。有时出现非常紧急的情况,如系统出现的故障使得系统不能运行,此时要跳过各种验证的过程及步骤立刻修正错误,排除故障。但在系统重新运行后,仍需就出现的问题进行认真分析并测试,以防止引入新的问题。

2）适应性维护

适应性维护是为适应用户需求的变化而对系统进行的改进,如对已有功能的进一步加强,改进业务处理流程,增加新的报表、新的处理功能等,如增加价格管理控制模块。

3）完善性维护

完善性维护是要将运行系统变得更加高效、可靠。例如,为计算机系统增加内存,对系统设备进行升级,调整操作界面,重新组织程序模块,才用新技术、新算法提高系统运行效率等。

系统维护工作是一件即破财又费神的工作,下面一些因素将导致维护工作变得困难:

（1）所有的改进都要受到现行系统的限制,这使得维护工作可能比开发新系统还要困难。

（2）开发人员经常流动，使得维护人员并非当初的开发人员。

（3）没有文档或文档很差时，使得维护工作无法下手。

（4）程序的可读性差，程序模块划分不合理。

（5）维护工作将会产生不良的副作用，不论是修改代码、数据或文档，都有可能产生新的错误。

2. 系统维护的成本

系统维护的成本主要体现在为了维护而投入的人力、物力和财力上。

在系统运行的不同阶段，各种类型的维护成本支出不同。系统运行初期，系统测试阶段未发现的错误会出现逐渐显露出来，系统维护以纠错性维护为主。随着问题的修正，系统进入一个相对稳定的运行中期，这时的维护工作以满足用户新的需求和提高系统的可靠性为主，即以适应性维护和完善性维护为主。系统运行后期，主要是以系统适应性维护为主，同时由于对系统的修改和改进过程必然会引入新的问题，又会导致系统的纠错性维护成本增加。当系统维护工作不能满足用户的需求时，系统将进入新一轮的生命周期。

7.5 系 统 评 价

信息系统在其运行过程中，还要在高层领导的直接领导下，定期或不定期地对系统的运行状况进行审核和评价，目的是观察系统是否处在有效地运行状态中，并为系统的改进和扩展提供依据。若系统的评价结论认为系统已经不能适应环境需求，维护现有系统不如建设新系统，则意味着现系统生命周期结束，新系统生命周期即将开始。

系统的评价是一项难度较大的工作，它属于多目标评价问题，目前大部分的系统评价还处于非结构化的阶段，只能就部分评价内容列出可度量的指标，不少内容只能用定性方法做出叙述性的评价。目前的评价指标主要从下面三个方面来描述。

1. 系统性能指标

（1）完整性。系统设计是否合理，系统功能是否达到要求。

（2）方便、灵活性。人及交互的灵活性与方便性。

（3）响应时间。系统响应时间与信息处理速度满足管理业务需求的程度。

（4）正确性。系统输出信息的正确性与精确度。

（5）可靠性。单位时间内的故障次数与故障时间在工作时间中的比例。

（6）可扩充性。系统结构与功能的调整、改进及扩展，与其他系统交互或集成的难易程度。

（7）可维护性。系统故障诊断、排除、恢复的难易程度。

（8）安全保密性。系统安全保密措施的完整性、规范性与有效性。

（9）文档完备性。系统文档的规范、完备与正确程度。

2. 直接经济效益指标

（1）系统投资额。包括系统硬件、软件的购置、安装，信息系统的开发费用及投入的人力、材料费用等。

（2）系统运行费用。包括消耗性材料费用（存储介质、纸张、打印机油墨等）、系统投资折旧费及硬件日常维护费、系统运行所耗用的电费、系统管理人员的工资等。

（3）系统运行新增加的效益。主要反映在成本降低、库存积压减少、流动资金周转加快与占用额减少、销售利润增加以及人力的减少等方面。

（4）投资回收期。投资回收期为通过新增效益，逐步收回投入的资金所需的时间。回收期越短，经济效益越好。

3. 间接经济效益

间接经济效益是通过改进组织结构及运作方式、提高人员素质等途径，促使成本下降、利润增加而逐渐地、间接地获得的效益。由于成因关系复杂，很难用具体的统计数字计算，只能做定性的分析。间接经济效益主要体现在以下几个方面：

（1）推动组织的改革、创新与发展。

（2）对外改善组织形象，对内增强内部人员的自信息和自豪感。

（3）提高内部人员的素质和技能，形成学习型组织。

（4）加强各部门之间、人员之间的交流，增强协作精神和组织的凝聚力。

（5）促进组织管理的规范化、标准化和科学化。

思 考 题

1. 如何看待系统管理与维护的重要性，系统管理与维护阶段包括哪些主要工作？

2. 系统管理与维护的组织工作包括什么内容？如何才能把系统管理与维护的组织工作做好？

3. 系统管理与维护的组织机构有哪几种形式？它们各有什么特点？为什么说系统管理与维护的机构作为全组织的信息中心和参谋中心，是目前最能发挥系统运行效率的组织形式？

　　4. 系统管理与维护的人员构成如何？各类人员的职责是什么？

　　5. 系统的管理与维护需要建立哪些规章制度？它们应包括什么内容？

　　6. 系统日常管理工作和维护工作的内容是什么？维护时必须考虑哪些因素？

　　7. 为什么要对系统进行评价？评价工作应该从哪几个方面去进行？

　　8. 系统经济效益评价、性能评价和管理水平评价的具体指标和含义是什么？

第8章 装备器材网络管理信息系统

8.1 概 述

装备器材网络管理信息系统是为适应全军信息化发展要求,针对各级器材业务管理模式和特点而开发的用于网络环境下的管理信息系统。系统涵盖了各级器材管理部门和仓库,内容涉及装备器材平、战时筹措、供应、存储等相关信息。

为加强器材管理,提高决策和保障能力,在装备器材网络管理信息系统基础上,开发了装备器材资源管理与调度系统,综合集成了"在储"、"在运"、"在筹"器材管理系统,初步形成了装备器材保障可视化系统体系。

8.2 系统体系结构

8.2.1 系统总体构成

装备器材网络管理信息系统总体上分为如下四部分:

(1)装备器材业务管理系统。用于完成平时和战时各级机关和各级仓库维修器材订货、分配、申请、存储、经费管理等功能。该系统具体分为四个版本:业务管理版、仓库业务处理版、基层业务管理版和野战仓库业务处理版,分别供管理部门、仓库和部队使用,其总体结构图如图8-1所示。

(2)装备器材仓库信息资源管理系统。用于统计和汇总各级仓库的各种保障资源信息,如人员、设施、设备、保障能力等,供各级仓库使用,需要时通过系统逐级汇总。

(3)装备器材筹措资源管理系统。系统主要用于器材筹措管理部门进行器材筹措业务的管理和进行筹措决策,为筹措人员提供信息和交流的平台。

(4)装备器材资源管理与调度系统。收集和汇总各级仓库、工厂的"在储"、"在运"、"在筹"器材信息和其他保障资源信息,应用应急器材资源的保障原则,结合运筹学的理论和现代管理方法,建立器材保障决策模型,实现器材保

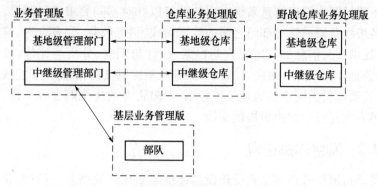

图 8-1　装备器材业务管理系统总体结构图

障资源的优化并运用于调度,形成优化器材决策方案,解决战役以上机关平、战时器材的计划、筹措、分配和调度管理问题。

管理信息系统的类型一般可以分为以下几类:事务处理系统(TPS)、管理信息系统(MIS)、决策支持系统(DSS)、办公自动化系统(OAS)、知识工作者支持系统(KWS)等,如图 8-2 所示。

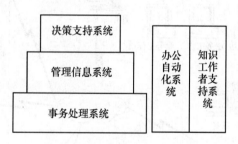

图 8-2　管理信息系统的类型

按照上述划分,装备器材应用系统类型划分见表 8-1。

表 8-1　装备器材应用系统类型划分

类型	应用系统名称
事务处理系统	装备器材业务管理系统(仓库业务处理版)
	装备器材业务管理系统(野战仓库业务处理版)
管理信息系统	装备器材业务管理系统(业务管理版)
	装备器材业务管理系统(基层业务管理版)
	装备器材筹措资源管理系统
决策支持系统	装备器材资源管理与调度系统
办公自动化系统	装备器材仓库信息资源管理系统

装备器材网络管理信息系统应用软件可以针对不同要求进行部署,平时用于完成各级战备器材管理部门之间的数据集成、信息收集、信息查询、信息统计等工作,提供有关信息的实时查询与检索、统计与汇总、分析与评估、预计等功能,并为器材计划、筹措、供应、储备、存储等决策提供支持;战时用于完成器材保障部署、流动器材供应点的地理位置显示、保障资源的优化调度等工作,为战时器材保障方案与行动的决策提供支持。

8.2.2 网络体系结构

装备器材网络管理信息系统建设总体框架采用开放型互连结构,建立分层网络体系,使用 TCP/IP 协议作为网络通信协议,以保证形成共享的集成数据环境。其网络拓扑结构图如图 8-3 所示。

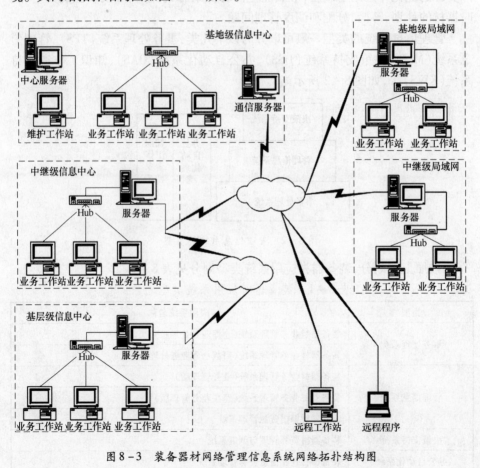

图 8-3 装备器材网络管理信息系统网络拓扑结构图

198

在实施器材信息化管理时,按现行体制构成上下级业务工作关系和管理关系。各级用户的数据存储在本级服务器(主机)内,在网络环境支持下,纵向可实现信息统计、汇总,横向可实现各单位之间的数据共享与交换。

8.2.3 主要功能

装备器材网络管理信息系统的主要功能是在器材筹措、存储、供应的管理和战时器材保障中,对各种器材信息有效地实行全系统、全过程的管理,为各级用户的计划、组织、协调和控制管理提供信息管理、信息服务和辅助决策支持功能,具体见表8-2。

表8-2 装备器材网络管理信息系统主要功能

信息管理及服务					辅助决策				
计划、组织、协调、控制									
筹措			储存		供应			战时保障	
经费管理	需求预测	订货合同	器材收发	器材保管	器材保养	需求分析	器材调配	资源分布	保障方案
装备器材业务管理系统 (业务管理版)(基层业务管理版) (仓库业务处理版)(野战仓库业务处理版)					装备器材资源管理与调度系统		装备器材筹措资源管理系统	装备器材仓库信息资源管理系统	

8.3 应用系统构成

8.3.1 装备器材业务管理系统

8.3.1.1 装备器材业务管理系统(业务管理版)

业务管理版完成基地级、中继级维修、战备、军援军贸器材筹措、供应、统计和经费管理等功能,由系统管理、基础数据维护、经费分配管理、分配计划管理、器材订货管理、订货合同管理、器材出库处理、器材决算管理、器材调剂管理、库存账目管理、援外业务管理、历史数据管理和战备基数管理等子系统构成,其结构框图如图8-4所示。

(1)系统管理。完成系统用户设置、系统初始化、原始数据建立、数据备份、数据恢复等功能。

(2)基础数据维护。完成器材目录、单位目录、库存标准、器材生产厂、装备实力、器材价格等基础数据的增加、删除、修改、查询等基本操作。

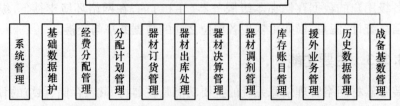

图 8-4　业务管理版装备器材业务管理系统结构框图

（3）经费分配管理。拟制经费分配方案。

（4）分配计划管理。完成申请计划汇总、器材分配计划拟制、器材分配计划调整等功能。

（5）器材订货管理。完成器材需求确定、订货分厂、订货分配、合同签订、合同执行等功能。

（6）器材出库处理。拟制各种类型的器材出库调拨单。

（7）器材决算管理。完成器材决算数据的整理、对账、输出等功能。

（8）器材调剂管理。完成器材调剂业务处理功能

（9）库存账目管理。完成器材库存和账目的日常管理功能。

（10）援外业务管理。完成各项援外业务的处理。

（11）历史数据管理。完成历史数据的查询、统计、打印等功能。

（12）战备基数管理。完成战备器材成套基数管理功能。

8.3.1.2　装备器材业务管理系统（仓库业务处理版）

仓库业务处理版完成后方仓库器材入库、出库、库存等管理功能。由器材业务处理子系统、保管员工作站子系统和器材识别发放系统构成。系统构成示意图如图8-5所示。

1. 器材业务处理子系统

主要用于器材仓库维修、战备和军援军贸等类别器材业务的处理，由系统管理、基础数据维护、订货合同管理、分配计划管理、器材入库处理、器材出库处理、器材库存管理、旧品器材管理、历史数据管理、战备基数管理和援外器材管理等功能模块构成，其结构框图如图8-6所示。

仓库业务处理版中系统管理、基础数据维护、历史数据管理、战备基数管理与业务管理版中几乎相同，而订货管理、分配计划管理、器材出库管理等与业务管理版不同，主要侧重于对合同、分配计划、出库计划等的具体执行处理。

2. 保管员工作站子系统

主要用于库房保管员日常业务的管理，由库存业务管理、库房日志管理和单据回填处理三个模块组成，其结构框图如图8-7所示。

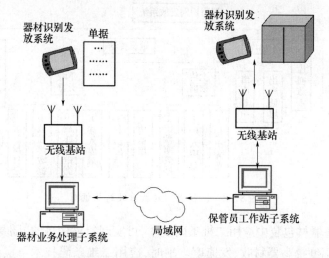

图 8 – 5　装备器材业务管理系统(仓库业务处理版)构成示意图

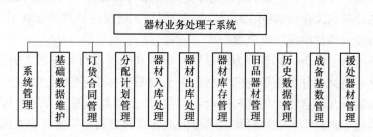

图 8 – 6　器材业务处理子系统结构框图

图 8 – 7　保管员工作站子系统结构框图

3. 器材识别发放系统

　　系统安装在无线手持式终端(PDA)上,配合二维条码技术,可以存储和读写装备器材的代码、名称、价格、数量等信息,可完成出入库器材的自动录入、库房器材的回填等功能,其结构框图如图 8 – 8 所示。

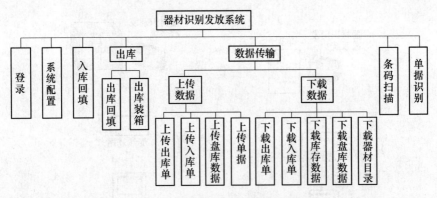

图 8-8　器材识别发放系统结构框图

在装备器材包装中应用二维条码技术,可实现器材信息的"随身携带"和自动录入,大幅度提高器材收、发速度。半时,应用二维条码技术叮实现器材的入库、出库、保养等各类作业的自动记录,提高保障的准确性和时效性;战时,应用手持终端设备识读作业,能准确定位、识别器材,实现快速发放和准确记录,可大幅度提高战时器材供应保障速度。

装备器材二维条码标签分为维修器材标签和战备器材标签两大类。其中,维修器材标签又可分为用于直接器材包装上的器材标签、器材包装箱上的器材包装箱标签以及混合箱上的器材混合箱标签;战备器材标签分为用于直接器材包装上的战备器材标签和器材集装箱上的战备器材集装箱标签。每张标签上面包括多项内容,如器材代码、规格型号、名称、数量等,通过近距离扫描可录入到手持机上。每张标签都有特定的规格和材质,标签的粘贴位置、悬挂方法等也都有规定。

8.3.1.3　装备器材业务管理系统(基层业务管理版)

基层业务管理版完成部队基层级器材申请、器材分配、器材收发、器材库存、器材决算等管理功能。由系统管理、基础数据维护、申请计划管理、分配计划管理、库存决算管理、器材入库处理、器材出库处理、器材请领处理、器材调剂处理、器材库存管理、旧品器材管理、历史数据管理和战备基数管理等子系统构成。基层业务管理版装备器材业务管理系统结构框图如图 8-9 所示。

(1)系统管理。完成系统用户设置、系统初始化、原始数据建立、数据备份、数据恢复等功能。

(2)基础数据维护。完成器材目录、单位目录、库存标准、器材生产厂、装备实力、器材价格等基础数据的增加、删除、修改、查询等基本操作。

(3)申请计划管理。根据下年度预计年底器材库存、下年度修理(或演习)

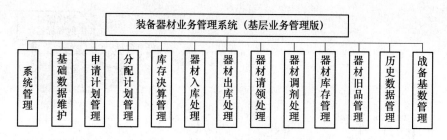

图 8-9　基层业务管理版装备器材业务管理系统结构框图

人物、库存标准等数据,科学确定器材申请计划,完成申请计划的拟制、调整、查询、打印等功能。

（4）分配计划管理。完成上机分配计划录入和本级分配计划制定功能。

（5）库存决算管理。根据用户年终库存和器材消耗等信息,完成器材决算数据的汇总、统计、上报等功能。

（6）器材入库处理。完成各种类型器材的入库处理功能。

（7）器材出库处理。完成各种类型器材的出库处理功能。

（8）器材请领处理。完成根据实际使用(维修)需要,向上级单位申请(请领)器材的业务处理功能。

（9）器材调剂处理。完成器材的调剂业务处理功能。

（10）器材库存及账目管理。完成器材库存和账目的日常管理功能。

（11）旧品器材管理。完成旧品器材(包括待修品)的管理功能。

（12）历史数据管理。完成历史数据的查询、统计、打印等功能。

（13）战备基数管理。完成战备器材成套基数管理功能。

8.3.1.4　装备器材业务管理系统(野战仓库业务处理版)

野战仓库业务处理版信息管理系统主要由二维条形码识别技术、射频技术,将 PDA 手持机通过无线数据传输技术和笔记本电脑组成,用于战时对装备器材进行快速、准确识别和管理。

1. 系统构成

系统主要利用计算机、掌上电脑、二维条码识别技术、射频技术、无线网络技术,实现在野战条件下对装备器材识别、收发和管理,系统通过无线数字通信,实现战备器材消耗信息的实时报送,为器材保障决策提供准确依据。

系统由战备器材识别发放系统和便携式装备器材管理系统组成,整体构成如图 8-10 所示。

1）系统硬件构成

系统由无线手持式终端(集成二维条形码扫描仪)、无线基站、笔记本电脑、

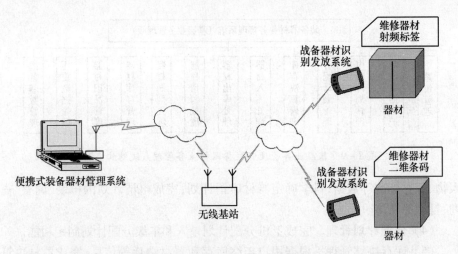

维修器材
射频标签

战备器材识
别发放系统

器材

维修器材
二维条码

战备器材识
别发放系统

器材

便携式装备器材管理系统

无线基站

图 8-10　装备器材业务管理系统(野战仓库业务处理版)构成

无线调制解调器和打印机、电源等相关配套设备组成。

2)系统软件构成

操作系统:笔记本电脑(或台式机)采用 Windows 2000 或 Windows XP 中文版操作系统,PDA 掌上电脑采用 Windows CE 操作系统。

数据库管理系统:笔记本电脑采用 SQL Server 数据库管理系统,PDA 掌上电脑采用 Access 数据库管理系统。

应用软件:PDA 掌上电脑上安装战备器材识别发放系统,野战仓库管理终端(笔记本)上安装便携式装备器件管理系统。

2. 主要性能指标

可在 2s~3s 内查询到任一器材的相关信息,在 1s~2s 内判读器材的代码、品名、图号、单位、数量、保养时间、封存期限、存放位置等复杂的二维条码信息,误读率在 1/1000000 内。保管员可在 10s 内完成一项器材的定位发放。无线基站与掌上电脑间通信,在无障碍物的情况下可达 450m。

3. 系统功能

1)战备器材识别发放系统

系统用以存储装备器材的位置和数量等有关信息,主要用于完成野外条件下的器材信息自动识别、快速定位、收发处理、信息查询等功能,具体包括器材出库、入库、库存查询和系统管理等功能模块,其结构框图如图 8-11 所示。

① 入库管理。包括有单据入库和无单据入库,主要完成战备器材入库和单据回填功能。

② 出库管理。包括有单据出库和无单据出库,主要完成战备器材出库处理

204

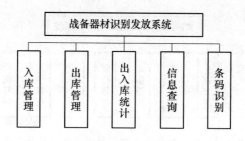

图 8 - 11　战备器材识别发放系统结构框图

（主要是器材出库和单据回填）功能。

　　③ 出入库统计。包括入库统计和出库统计,主要完成出入库的流水统计、按照单据查询出入库的流水号、器材信息和处理业务的时间等功能

　　④ 信息查询。主要完成器材代码查询、规格型号查询、器材名称查询、战基序号查询、装载位置查询等,系统有手工输入和扫描条码两种方式进行信息的查询。

　　⑤ 条码识别。包括一般条码识别、器材条码识别、集装箱条码识别。

　　2）便携式装备器材管理系统

　　系统可以实现战时装备器材基数信息的 PDA 装载,本地野战仓库器材消耗的统计和器材收发管理。由系统管理、基础数据、战备基数管理、申请计划管理等功能模块构成,其结构框图如图 8 - 12 所示。

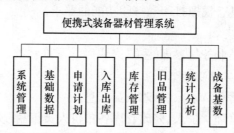

图 8 - 12　便携式装备器材管理系统结构框图

8.3.2　装备器材仓库信息资源管理系统

　　装备器材仓库信息资源管理系统的最终用户是各级仓库,系统主要完成仓库概况、人员、库房、营房、设备、车辆信息的录入、修改、查询、打印和数据上报,其结构框图如图 8 - 13 所示。

　　1. 系统管理模块

　　本模块是系统管理员专用模块,主要完成系统的初始化,权限维护,地址管

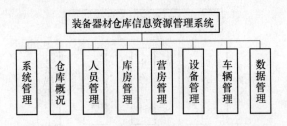

图 8 – 13　装备器材仓库信息资源管理系统结构框图

理和系统数据备份。

2. 仓库概况模块

本模块使用者是业务处计划助理。主要完成仓库概况信息录入、修改,管理其他模块有关人员、库房、营房等汇总信息,具体功能如下:

(1)基本信息管理。录入、修改仓库性质、级别、建库时间等基本情况信息。

(2)地理信息管理。录入、修改仓库所处地理位置、交通等地理信息。

(3)配套信息管理。录入、修改仓库铁路、供配电、供水、供暖、通信等配套设施信息。

(4)人员、库房、营房信息汇总管理。其他模块完成信息维护后,为仓库概况模块自动生成所需的汇总信息。

(5)仓库概况查询。完成仓库概况信息的查询、模拟打印、打印(以下表述查询功能时均同时具有模拟打印和打印功能的要求)。

3. 人员管理模块

本模块使用者是业务处参谋,主要完成领导干部情况、人员的编制、人员分类、专业情况管理。具体功能如下:

(1)人员信息管理。录入、修改人员信息。

(2)人员编制管理。录入、修改仓库各单位人员编制、现有情况。

(3)士官、士兵、职工技术分类管理。录入、修改士官、士兵、职工的技术岗位分类情况。

(4)专业干部分类管理。录入、修改专业干部的技术岗位分类情况。

(5)人员管理信息查询

4. 库房管理模块

本模块使用者是业务处库管助理,主要完成专业库房、非专业库房信息的录入、修改、查询等操作。

5. 营房管理模块

本模块使用者是管理处营房助理,主要完成营房信息录入、修改、查询等

206

操作。

6. 设备管理模块

本模块使用者是业务处设备助理,主要完成仓库主要设备的录入、修改、查询等操作。

7. 车辆管理模块

本模块使用者是管理处车管助理,主要完成车辆基本信息的录入、修改、查询等操作。

8. 数据管理模块

本模块使用者是系统管理员,主要完成年度数据汇总上报和结转。具体功能如下:

(1)生成上报数据。系统自动生成上报数据库,并可加密压缩。

(2)年终结转。设定结转时间,系统自动将当年数据转为历年数据,将当年数据作为初始值赋给下年度。

(3)拷贝数据。将生成的数据文件转存到其他移动记录设备上,采用存储介质上报数据。

(4)网上数据传送。按系统隶属关系远程登录上级业务机关服务器,网上报送仓库信息数据。

(5)复制数据。将生成的数据文件转存到其他移动记录设备上,采用存储介质报送数据。

(6)网上数据传送。按系统隶属关系,赋予下级单位登录权限,接收下级单位远程登录报送的数据;按上级授予权限,登录上级业务机关服务器,网上报送仓库信息数据。

上述各系统中,各子系统(模块)具有相对独立、完整的功能,可以满足不同级别用户器材业务管理的需要。系统可以通过网络与有关单位(上级单位、下级单位)进行数据交换,实现数据共享。

8.3.3 装备器材筹措资源管理系统

装备器材筹措资源管理系统主要是利用 GIS 技术、电子商务技术和网络技术,为器材筹措人员提供信息和交流平台的服务,为筹措决策人员提供信息管理和服务,以及辅助决策的服务,最终实现器材筹措资源可视化管理。

1. 系统的网络环境

系统的运行需要各级单位及器材供应商的数据支持。各级分别建立100Mb/s 以太网,通过军用网络传递数据,器材供应商则通过 Internet 进行管理。系统采用 C/S 与 B/S 混合模式进行设计,地方器材供应商采用 B/S 体系结构,其网络拓扑图如图 8-14 所示。B/S 与 C/S 两系统间的数据交换采用物理隔离卡进行隔离或采用外部移动磁盘进行数据交换,B/S 系统中提供数据导出功能,导出数据通过移动磁盘导入到 C/S 系统的服务器中,数据在 B/S 与 C/S 两个系统中进行交换时,须采取有效的保密措施和严格遵守数据保密规定。

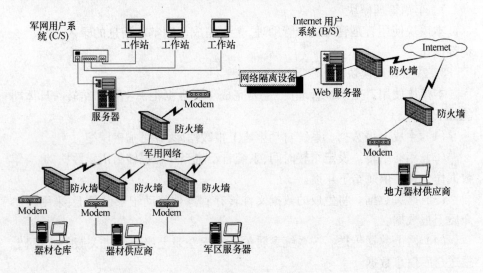

图 8-14　系统网络拓扑图

2. 系统功能规划

根据系统功能需求和结构设计,装备器材筹措资源管理系统可以划分为两大子系统,通过军用网络访问的 C/S 系统和通过 Internet 访问的 B/S 系统,其中,C/S 系统是系统的主要组成部分,包含辅助决策、生产管理、业务管理等功能;B/S 系统主要对地方厂家进行管理,涉及的内容比较少,而且管理的是非保密信息,通常用于某些器材通用器材的筹措管理。C/S 子系统的功能模块构成图如图 8-15 所示,B/S 子系统的功能模块构成图如图 8-16 所示。

3. 系统安全性规划

装备器材筹措资源管理系统涉及单位和部门多,数据信息交换频繁,系统的安全性要求高,安全性设计也尤为重要。尽管我军的各种计算机网络都与互联网有物理隔绝的重要措施,但单靠一种措施并不能保证网络的绝对安全,因为还有非法接入的可能,必要时也需通过互联网传送数据。因此,只有多种措施协同作用,系统的网络设计中应全面地考虑安全保障措施,才能加强网络的安全系数。在系统设计中,重点考虑防火墙、入侵检测系统、安全评估、安全审计、安全VPN 技术、保密认证等因素。

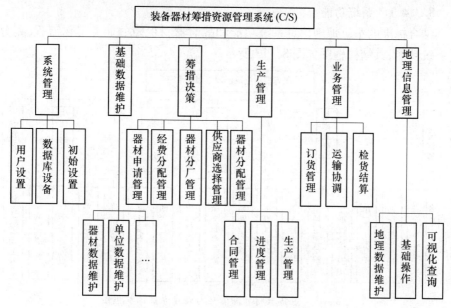

图 8 - 15　C/S 子系统功能模块构成图

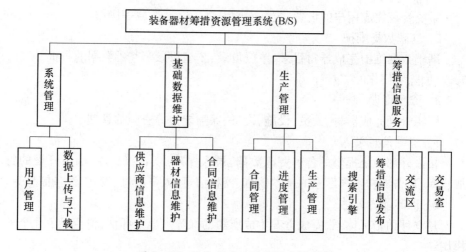

图 8 - 16　B/S 子系统功能模块构成图

8.3.4　装备器材资源管理与调度系统

　　针对装备器材资源应急保障管理工作的特点,依据装备器材应急资源保障
任务的需要,对各级仓库的有关信息实行管理,实现装备器材资源保障的计算机
信息化处理。

8.3.4.1　系统功能

结合标准的军事地理信息系统功能和战时器材保障的业务工作流程,划分了系统功能,其结构框图如图 8 – 17 所示。

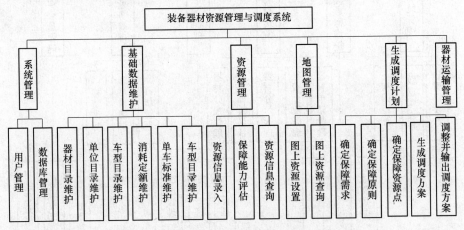

图 8 – 17　装备器材资源管理与调度系统结构框图

1. 系统管理

系统管理完成用户的设置、数据库的设置、备份、还原等操作。

2. 基础数据维护

基础数据维护完成器材目录、单位目录、车型目录等基础数据的查询、增加、修改、删除等操作。

3. 资源管理

资源管理完成器材、人员、设施、设备、保障能力等资源的管理。

1)资源信息录入

接收外部系统提供的各种资源数据,录入保障点、各级仓库、临时开设的野战仓库、装备器材生产厂家的基本信息、器材信息、人员信息、设施、设备信息等。

2)保障能力评估

建立评估指标体系,完成方案生成所需的保障点能力评估,包括以下几个子模块:

(1)指标体系设置。选择保障点保障需求和资源点保障能力的评价指标。

(2)指标数据维护。修改、设置指标数据。

(3)指标权重设置。根据应急作战行动需求,确定、分配保障能力评估指标的权重。

(4)评估方法选择。增加、调整评估的方法。

(5)评估结果调整。提供人工干预计算机自动评估结果的接口。

210

3）资源信息查询

对各种资源信息提供各种类型的查询功能。

4. 地图管理

1）图上资源设置

设置与维护保障点、各级仓库、工厂的地理坐标以及之间的道路、地形等有关基础数据。

2）图上资源查询

（1）地图控制。实现地图的放大、缩小、漫游、距离测量、面积计算、通视分析、显示相关数据库信息和窗口定位及查看整个图层。

（2）图上资源查询。包括资源点情况查询、工厂情况查询、器材分布情况查询和道路情况查询等。

5. 生成调度计划

1）确定保障需求

确定保障需求包括下列子模块：

（1）依据战备器材基数。修改损坏率经验值，计算、调整损坏数量，按基数标准产生器材需求量。

（2）预计战损率计算。修改、调整战损模型，计算器材需求量。

（3）部队需求输出。将经过整理的部队需求数据以规范格式在屏幕和打印机上输出。

（4）部队上报需求。提供接收部队上报需求数据的手工录入、磁盘录入和网上接收的接口。

（5）需求调整。根据需要修改部队上报的需求数据或系统计算出的需求数据。

2）确定保障原则

依据作战要求，通过人工干预等手段最终确定资源点保障次序。

3）确定保障资源点

根据保障原则及保障优化模型从资源库中选定可用的资源点，资源点排序人工调整。

4）生成调度方案

选定资源点，生成各资源点供应器材计划，生成各资源点器材运力需求计划，生成各资源点到保障点器材运输路线可选方案，生成缺项器材订购计划。

5）调整并输出调度方案

人工调整计划，包括供应点的增加与减少、供应量的调整、运输路线的调整等，以更加符合实际要求。最终生成筹措计划表、运输计划表等。

6. 器材运输管理

对在运器材实施管理,包括运输道路的跟踪、运输过程的控制等。

8.3.4.2 系统结构

根据装备器材保障需求,依据 DSS 基本理论和构建模式,装备器材资源管理与调度系统由数据库系统、模型库系统和人机交互系统组成,如图 8 - 18 所示。

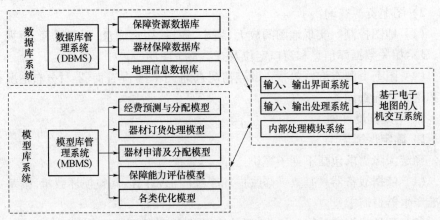

图 8 - 18　装备器材资源管理与调度系统总体结构

1. 数据库管理系统

数据库系统对数据进行处理、加工,提供数据信息。

数据库系统采用关系型数据库。充分利用关系型数据库的特点,与已有的数据规范相结合,以保证数据的一致性、可靠性、实用性,尽量避免数据冗余,实现数据共享。

数据库系统的数据内容包含三部分:

(1) 保障资源数据。包括资源点人员、设备、交通条件等影响其保障能力的因素等。

(2) 器材保障数据。包括来自全军器材信息网络的器材信息数据,如各级器材库存情况、消耗情况、装备实力情况、库存标准情况等基础信息。

(3) 地理信息数据。主要是来自电子地图的有关资源点、保障点及其地理环境、道路等数据。

2. 模型库管理系统

模型库系统对系统所需的模型进行管理,提供多种模型及模型组合。资源管理与调度模型库用于描述和存储决策管理所用各类分析模型。这些模型具有一定的决策分析、方案优化功能。

在资源管理与调度系统中，需要涉及到的具体模型如下：

（1）经费预测与分配模型。通过不同修、训条件下器材消耗实际情况，预测经费需求情况，为订货计划制定提供决策基础。

（2）器材订货处理模型。根据现有库存、库存标准、申请计划、分配计划以及经费限额进行器材订货处理，提供订货计划。

（3）器材申请及分配模型。各单位根据可用经费情况、器材急需情况、修训任务制定申请计划，上级通过汇总申请计划，结合合同执行情况、历年分配情况以及各单位具体情况制定分配计划。

（4）保障能力评估模型。通过对各个资源点保障资源的比较、评价，利用方便可行的方法，对其保障能力快速做出符合实际的评价，为资源点择优提供量化指标。

（5）各类优化模型。针对战时器材保障，提供多方面分析对比、优化模型，供决策者参考使用，如基于资源点优化选择的保障计划制定模型，战时器材运输优化模型等。

模型库管理系统对装备器材保障模型库进行组织和管理，并对模型的建立、查询、维护和运用等功能进行集中管理和控制。

3. 基于电子地图的人机交互系统

基于电子地图的人机交互系统，将模型库部件和数据库部件组合成系统的集成功能。它除了实现计算机和用户之间一般意义下的人机交互，还实现了以可视化的电子地图显示系统运行结果。

8.3.5 装备器材保障可视化系统体系结构

8.3.5.1 概述

装备器材保障可视化研究主要围绕装备器材平战时保障管理与决策，应用和综合集成各种信息技术（计算机技术、网络技术、GIS 技术、GPS 技术、RFID 技术、PDA 技术、条码技术、数据库技术、无线通信技术等），围绕装备器材保障资源信息的可视化管理，从总体构成和技术实现等方面进行。其目的是为战略器材保障部门建立可视化系统并进行科学决策提供技术手段和决策模型。

其中，GIS 强大的数据管理、形象的数据分析和 GPS 定位管理、控制是实现器材保障可视化的重点技术内容，RFID 技术、PDA 技术、条码技术主要用于器材终端信息的采集，更是实现可视化的基础。

采用 GIS 和 GPS 技术的器材保障可视化系统，在平时的器材保障管理工作中，可以利用 GIS 系统把地理数据库和器材保障数据库相连接，统一资源管理平台，使各种不同的资源，如资源点的人员信息、器材库存信息、地理环境信息、保障对象的位置信息等,在统一的平台上进行管理和维护,并在电子地图上直观、形象地显示。在战时,可使指挥决策人员随时掌握战场预置器材状态、数量、所在地点等信息,分析资源管理过程中地理要素的作用和影响,实时、准确、动态地了解战场环境并进行综合分析,从而进行优化的器材筹措计划制定和实施快速保障。

因此,系统应提供装备器材保障的计划、筹措、分配、管理方法和决策模式;并能够根据具体保障任务确定最佳的保障单位、保障路线和保障方式,对保障过程中的器材资源情况进行跟踪和控制。

依据美军资产可视化系统,结合我军实际,把装备器材保障可视化划分为"在储"、"在运"、"在筹"三部分。

(1)"在储"器材是指存储在各级仓库中的器材。

(2)"在运"器材是指器材处于从始发点到目的地的运输过程中,器材保障部门及作战单位需能够确认装运器材的内容明细并实时监控器材运输过程的情况,并能临时调整器材保障对象或调整其运输路线。

(3)"在筹"器材是指正在筹措而没有纳入军队直接控制的器材,主要包括企业按要求生产而尚未交付军方的器材以及可能动用的民用器材。

8.3.5.2 装备器材保障可视化系统构成

1. 系统总体构成

利用器材保障资源综合数据库,依托器材网络管理信息系统,通过网络实现全军装备器材保障资源的信息采集与汇总。采用 GIS 平台实现器材保障资源的管理和形象、直观显示;采用 GPS 技术(或北斗卫星定位)、GPRS 技术(无线通信技术),结合 PDA、笔记本电脑等,实现"在运"器材可视化;利用 PDA、二维条码技术实现维修器材、射频标签识别技术实现器材信息的采集和识别,实现"在储"器材可视化;采用 CALS 模式,依托 Internet 或军队通信网络,实现"在筹"器材可视化。在此基础上,通过装备器材资源管理与调度系统,进行平时装备器材保障资源管理和战时的应急调度。

系统总体结构示意图如 8 - 19 所示。

上述体系结构中,器材网络管理信息系统负责提供有关器材信息,仓库信息资源管理系统提供其他保障资源如人员、设备、设施、保障能力等信息,车载终端系统提供车载位置信息及车载器材信息等,筹措资源管理系统提供工厂生产信息,地理信息系统提供环境信息,这些信息输入到器材资源管理与调度系统中,一方面通过模型计算,生成保障计划优化方案,另一方面通过与 GIS、GPS、PDA 等的结合,将"在储"器材信息、保障方案中的最优道路信息、工厂信息等在电子地图上显示出来,实现可视化。

214

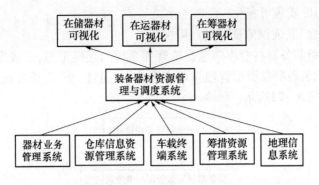

图 8 – 19   系统总体结构示意图

2. "在储"器材资源可视化系统

"在储"器材资源包括两方面：器材信息和其他保障资源如人员、设备、设施、保障能力等信息。

1）"在储"器材信息的可视化

采用二维条码、射频标签识别、PDA、无线组网、数据库等技术实现维修与战备基数器材信息可视。其基本构成示意如图 8 – 20 所示。

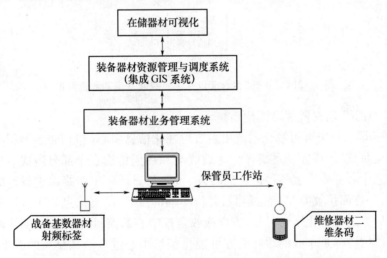

图 8 – 20   "在储"器材信息可视化基本构成示意图

工作原理是通过安装在手持机上的器材识别发放系统,扫描二维条码或射频标签,进行库存器材的自动识别和发放,实现器材发放的"可视化",然后再将这些信息通过有线方式或无线基站输入到保管员工作站系统中,进而传输至装备器材业务管理系统,最后将相关汇总信息输入到装备器材资源管理与调度系统中,通过 GIS 实现可视化。

2)"在储"其他保障资源信息可视化

通过各级装备器材仓库信息资源管理系统的逐级汇总,形成保障资源管理信息,输入到装备器材资源管理与调度系统中,通过 GIS 实现可视化,其基本构成示意图如图 8 – 21 所示。

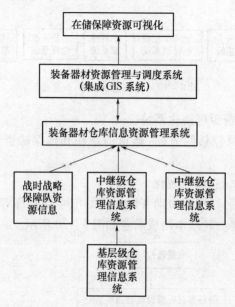

图 8 – 21 "在储"器材资源信息可视化基本构成示意图

3. "在运"器材资源可视化系统

"在运"器材资源可视化系统由后方可视化信息中心(包括装备器材资源管理与调度系统、指挥控制系统等)、车载终端和数据传输三个部分组成。后方可视化信息中心主要完成各种信息的转发、接收与显示。车载终端进行双向的信息传输,一方面接收 GPS 定位信号,并将车辆的位置、状态信息和车载器材信息传送到后方的可视化平台;另一方面接收监控中心的控制数据,并且对车辆进行控制。数据传输是车载终端和后方可视化信息中心进行信息交互的数据链路。"在运"器材资源可视化系统基本构成示意图如图 8 – 22 所示。主要功能是实现器材情况与位置、战时发放情况等信息采集、器材识别与信息传输等。

4. "在筹"器材资源可视化系统

利用 Internet 网络或军用通信网络,依据 CALS 模式和电子商务原理,实现"在筹"器材信息可视化,其基本构成示意图如图 8 – 23 所示。其主要功能是对器材生产进度信息实施管理。

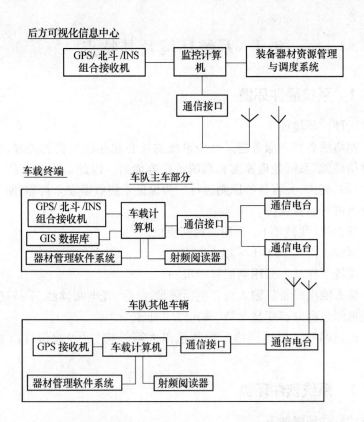

图 8－22　"在运"器材资源可视化系统基本构成示意图

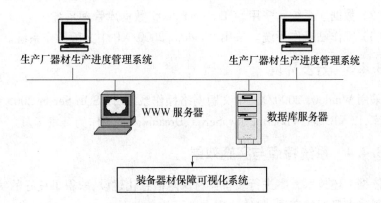

图 8－23　"在筹"器材资源可视化系统基本构成示意图

8.4 系统环境及其特点

8.4.1 系统硬件环境

系统的硬件环境如下：

（1）网络服务器。服务器是整个系统的核心和存放数据的关键设备，关系着整个网络性能、系统处理速度和系统的扩容能力。因此对服务器的选择应本着先进、可靠、高速、大容量的原则进行。为保证系统数据安全可靠，服务器可以采用双硬盘进行镜像备份。

（2）交换机（集线器）。采用品牌交换机。

（3）网卡。选用 100Mb/s 以上网卡。

（4）系统工作站。采用高配置微机。

（5）输入输出设备。输入设备包括键盘、鼠标、光电阅读器、手持终端等，输出设备包括彩色高分辨率显示器、激光打印机等。

（6）通信网络。局域网络采用高速以太网结构，远程通信可以通过军用网络。

8.4.2 系统软件环境

系统的软件环境如下：

（1）网络操作系统。采用 Windows 2000 Server 中文版操作系统。

（2）数据库系统。采用 SQL Server 2005 数据库管理系统。

（3）工作站操作系统。采用 Windows 2000/XP 中文版操作系统。

8.4.3 开发环境

采用 Windows 2000/XP 中文版网络操作系统，以 SQL Server 2005 设计网络数据库，以 VB. net、VbScript、JavaScript、Dreamwaver 等作为开发工具。

8.4.4 系统特点与实施效果

依据上述技术方案进行装备器材保障信息化建设，取得了良好的实施效果，保证了建设目标的实现，具体体现在以下几个方面。

1. 实现了器材信息的数字化存储

依据器材保障信息管理规范，可以实现器材保障信息的统一和规范管理，满足了以电子数字形式进行器材保障信息的存储、传递、交换和形成器材保障综合

218

数字数据环境的需要。

2. 实现了器材业务的自动化处理

利用各种应用系统,可以实现器材筹措、存储与供应等业务的综合管理;通过对器材资源全系统、全过程的管理与监控,可以为器材保障决策提供高效、精确、快速与及时的信息服务。从而可以显著地减少器材库存费用,大大地缩短器材筹措和供应周期,节省人力、物力和财力,有效地提高我军装备器材保障能力和综合管理水平,取得显著的军事、经济效益。

3. 实现了器材信息的网络化交换

利用网络平台进行信息的传输、交换和联机服务,可以使各级器材保障部门快速、及时、准确地掌握器材资源、消耗、需求情况,科学进行器材保障决策,有效地提高器材信息资源的利用率。

4. 实现了器材信息的集成化管理与使用

利用开放型分布式器材综合保障数据库,可以为器材保障提供综合数据环境;将器材网络管理系统与器材资源管理系统等各种系统数据环境集成为一体,实现了数据互连互通和信息资源共享,提高了器材保障效能和保障能力。

5. 实现了器材资源的可视化管理

利用器材资源管理系统,可以使得装备器材管理部门实时掌握器材的消耗、储备、分布及流转等动态信息,提前预知器材的需求,及时、准确地确定装备应急保障方案,优化使用器材保障资源,适时进行器材的调配与供应,从而实现器材的精确保障。

6. 实现了器材保障的智能化决策

运用现代管理科学理论建立器材保障辅助决策模型,可以为各级器材保障部门科学决策提供有效方法和自动化手段,从而实现器材保障决策智能化,全面提高器材管理水平和工作效率。

思 考 题

1. 装备器材网络管理信息系统的基本功能和作用包括哪些?

2. 装备器材业务管理系统的业务管理版和基层业务管理版主要功能上的区别有哪些?

3. 简述装备器材业务管理系统的总体结构和应用对象。

4. 器材仓库业务管理信息主要包括哪些内容?

5. 结合学院学籍管理内容,设计一个学员学籍信息管理系统的功能,画出其功能结构图。

6. 试述装备器材资源管理与调度系统的作用、功能以及特点。

7. 简述基于 Web 技术的 MIS 的特点。

8. 简述装备器材可视化系统的特点,并说明其决策功能是如何实现的。

附录 A　实验指导书

一、实验目的

通过软件实验项目的开发,使学员能够复习、领会和运用"管理信息系统"相关开发方法和知识,为学员提供主动学习、积极探索的实践机会,提高学员的自学能力、书面与口头表达能力以及开发实际软件项目的能力,为毕业后胜任本职工作岗位奠定基础。

二、实验项目简介

1. 项目名称

实验项目名称:补充订货系统。

2. 功能描述

某单位采购部门为了保证一定的库存水平,采用了以下补充订货系统。库房工作人员通过库房的终端设备随时将库房的收发数据向系统报告。系统工作人员在每天临下班时处理一次库房数据,如果某项零件的库存量低于了该零件的临界水平,系统就必须提出补充订货要求,并生成补充订货报告提交给采购部门。具体的补充订货量等于每项零件的库存标准减去现有的库存量。

此系统的数据来源是库房工作人员,数据去处是采购部门。

3. 功能划分

具体来说,该系统主要完成以下几项功能:

(1)零件的收发登记。

(2)库存量的修改。

(3)处理补充订货数据。

(4)生成订货报告。

4. 实验内容

实验内容如下:

(1)制定开发计划。按照所学管理信息系统开发理论知识,制定项目开发计划。

(2)系统需求分析。根据功能描述和功能划分,进行详细的系统需求分析,主要包括可行性分析、业务功能分析、业务流程分析、数据流程分析及数据字典的编制,形成"系统需求说明书"文档。

(3)系统设计。根据系统需求分析的结果,进行系统的总体设计和详细设计,总体设计包括系统的总体结构设计(绘制 HIPO 图)、计算机软硬件的配置等;详细设计包括系统的代码设计、数据库设计(包括概念结构设计、逻辑结构设计和物理结构设计),输出设计、输入设计、人机对话设计等,形成"可行性研究报告"和"系统设计说明书"文档。

(4)系统实施。建议开发工具选用 VB. net,数据库管理系统选用 SQL Server 2005,进行系统功能编程,实现系统主要功能的演示,并形成文档来说明系统实现过程。

(5)系统测试。利用模拟数据,进行系统测试,并形成"系统测试报告"文档。

(6)系统评价。从经济、技术、社会效益等方面对系统进行评价,形成"系统评价报告"文档。

5. 基本要求

实验的基本要求如下:

(1)仔细研究与分析系统需求,在考察同类系统功能和设计特色的基础上,制定系统的功能与技术指标,拟定出开发系统的问题定义、基本原型、开发技术与工具、初步设计方案以及开发计划。

(2)按照本实验指导书的各项要求,进行系统的设计、开发、测试与文档编制。

(3)项目的分析与设计任务建议采用传统的结构化方法。

三、实验过程与具体要求

实验过程及具体要求如下:

(1)学习研究试验指导书,确定开发目标与初步方案,选择、准备、试用开发平台、数据库系统及其他有关开发工具。

(2)学习并搜集相关的技术资料。

(3)进行项目设计与开发。因为需要自学和探索的内容较多,每个学生要发挥积极主动精神投入其中。除了正式的实验时间之外,学员需要充分利用好课余时间,力争取得尽可能好的开发成果。

(4)每个开发成员应建立个人的开发记录或日志,记录的内容包括开发计划与进度、开发过程遇到的问题与难点、系统设计创意与建议、开发或学习心得等。这样,既有助于项目开发工作也有助于最后完成课程设计报告。

四、实验交付成果说明

对于实验交付成果说明如下:

(1)项目开发报告。提交个人项目开发报告一份,其中主要包括可行性研究报告、系统需求说明书、系统设计说明书、系统实现过程说明、系统测试报告、系统评价报告、项目结果分析和个人总结、附录（软件配置、个人完成的程序模块和文档清单）。

（2）软件。提交项目开发源代码、可运行程序以及相关电子文档。

（3）项目开发记录本。

附录 B　项目开发报告参考格式

本附录给出常用文档的标准格式,以供参考。

B.1　可行性研究报告参考格式

一、引言

(一) 编写目的(阐明编写本可行性研究报告的目的)

(二) 项目背景

1. 项目名称

2. 本项目的任务提出者

开发者:

用户:

实现软件的单位:

3. 本项目与其他软件或其他系统的关系

(三) 定义(列出可行性分析中所用到的专门术语的定义和缩写词的原文)

(四) 参考资料

1. 本项目经核准的计划任务书、合同或上级机关的批文

2. 与项目有关的已发表的资料

3. 本文档所引用的资料,所采用的软件标准或规范。列出这些资料的作者、标题、编号、发表日期、出版单位或资料来源

(五) 系统简介

二、可行性研究的前提

(一) 要求(列出并说明建议开发软件的基本要求)

1. 功能

2. 性能

3. 输出

4. 输入

5. 安全与保密要求

6. 与本软件相关的其他系统

7. 完成期限

（二）目标

1. 人力与设备费用的节省

2. 处理速度的提高

3. 控制精度或生产能力的提高

4. 管理信息服务的改进

5. 决策系统的改进

6. 人员工作效率的提高

（三）条件、假定和限制

1. 建议开发软件运行的最短寿命

2. 进行系统方案选择比较的期限

3. 经费来源和使用限制

4. 硬件、软件、运行环境和开发环境的条件和限制

5. 可利用的信息和资源

6. 建议开发软件投入使用的最迟时间

（四）决定可行性的主要因素

三、对现有系统的分析

（一）处理流程和数据流程分析，找出存在的问题

（二）工作负荷

（三）费用支出（如人力、设备、空间、支持性服务以及材料等项开支）

（四）人员（列出所需人员的专业技术类别和数量）

（五）设备

（六）局限性（说明现有系统存在的问题以及为什么需要开发新的系统）

四、所建议技术可行性研究

（一）对系统的简要描述

（二）处理流程和数据流程

（三）与现有系统比较的优越性

（四）未用建议系统可能带来的影响（如对设备、现有软件、系统运行、开发环境、运行环境、经费支出等方面的影响）

（五）技术可行性评价

1. 在限制条件下，功能目标是否能够达到

2. 利用现有技术，功能目标能否达到

3. 对开发人员数量和质量的要求，并说明能否满足

4. 在规定的期限内，开发能否完成

五、所建议系统经济可行性研究

（一）支出

1. 基建投资

2. 其他一次性支出

3. 经常性支出

（二）效益

1. 一次性收益

2. 经常性收益

3. 不可定量收益

（三）收益/投资比

（四）投资回收周期

六、社会因素可行性研究

（一）法律因素

（二）用户使用可行性（如用户单位的行政管理、工作制度、人员素质等能否满足要求）

七、其他可供选择的方案（逐个阐明其他可供选择的方案,并重点说明未被推荐的理由）

八、结论意见

结论意见可能有如下几种：

（1）可着手组织开发。

（2）需待若干条件具备后才能开发。

（3）需对开发目标进行某些修改。

（4）不能进行或没必要进行（如技术不成熟、经济上不合算等）。

（5）其他。

B.2　系统需求说明书参考格式

一、引言

（一）编写目的（阐明编写本需求说明书的目的）

（二）项目背景

1. 项目名称

2. 本项目的任务提出者

开发者：

用户：

实现软件的单位：

3. 本项目与其他软件或其他系统的关系

（三）定义（列出需求分析中所用到的专门术语的定义和缩写词的原文）

（四）参考资料

1. 本项目经核准的计划任务书、合同或上级机关的批文

2. 项目开发计划

3. 本文档所引用的资料、标准和规范。列出这些资料的作者、标题、编号、发表日期、出版单来源

二、任务概述

（一）目标（如完成×××系统的需求分析）

（二）运行环境（如 Windows + VB + SQL Server + Office）

（三）条件与限制

三、业务功能描述

（一）功能描述

（二）业务流程图

四、数据描述

（一）静态数据

（二）动态数据

1. 输入数据

2. 输出数据

（三）数据库描述

1. 数据库类型

2. 数据库名称

（四）数据流图（详细绘制各层数据流程图）

（五）数据字典

五、性能需求

（一）数据精确度

（二）时间特性

1. 响应时间

2. 更新处理时间

3. 数据转换与传输时间

4. 运行时间

（三）适应性

1. 操作方式

2. 运行环境

3. 与其他软件的接口

六、运行需求

（一）用户界面要求

（二）软硬件接口

（三）故障处理

七、其他需求（如可使用性、安全保密、可维护性、可移植性等）

B.3　系统设计说明书参考格式

一、引言

（一）编写目的（阐明编写本设计说明书的目的）

（二）项目背景

1. 项目名称

2. 本项目的任务提出者

开发者：

用户：

实现软件的单位：

3. 本项目与其他软件或其他系统的关系

（三）定义（列出本软件设计中所用到的专门术语的定义和缩写词的原文）

（四）参考资料

1. 本项目经核准的计划任务书、合同或上级机关的批文

2. 项目开发计划

3. 逻辑设计说明

4. 软件设计所应用的参考资料

二、系统总体设计说明

（一）总体结构

1. 总体功能框架(H 图)

2. 模块内部与相互之间的关系(IPO 图)

（二）系统环境配置

1. 硬件配置

2. 软件配置

3. 网络拓扑结构

（三）程序流程（详细描述各模块实现的算法）

三、系统详细设计说明

（一）代码设计

1. 设计原则
2. 代码类型
3. 编码规则
（二）输出设计
1. 输出方式
2. 输出格式
（三）输入设计
1. 输入方式
2. 输入格式
（四）数据库设计
1. 概念结构设计
2. 逻辑结构设计
3. 物理结构设计
（五）其他设计
1. 人机对话设计
2. 保密设计
3. 安全性设计

B.4 系统测试报告参考格式

一、引言

（一）编写目的（阐明编写本测试报告的目的）

（二）项目背景

1. 项目名称

2. 本项目的任务提出者

开发者：

用户：

实现软件的单位：

3. 本项目与其他软件或其他系统的关系

（三）定义（列出本测试报告中所用到的专门术语的定义和缩写词的原文）

（四）参考资料

1. 本项目经核准的计划任务书、合同或上级机关的批文

2. 项目开发计划

3. 逻辑设计说明

4. 软件设计说明

5. 用户操作手册

6. 项目测试所引用的其他资料

二、计划

（一）测试方案

1. 测试方法（如黑盒法、白盒法）

2. 选取测试用例的原则

（二）测试项目（列出测试中每一项测试的内容、名称、目的和进度）

（三）测试准备

（四）测试机构及人员（测试机构名称、负责人和职责）

三、测试项目说明（按顺序逐个对测试项目作出说明）

（一）测试模块名称及测试内容

（二）测试用例

1. 输入（输入的数据和输入命令）

2. 输出（预期的输出数据）

3. 步骤及操作

4. 允许偏差（列出实测结果与预期结果之间允许偏差的范围）

（三）进度

（四）条件（列出本测试对资源的特殊要求，如设备、软件以及人员等）

（五）测试资料（说明本测试所需的资料）

四、评价

（一）范围（说明所完成的各项测试说明问题的范围及其局限性）

（二）准则（说明评价测试结果的准则）

B. 5 系统评价报告参考格式

一、引言

（一）编写目的（阐明编写本评价报告的目的）

（二）项目背景

1. 项目名称

2. 本项目的任务提出者

开发者：

用户：

实现软件的单位：

3. 本项目与其他软件或其他系统的关系

（三）定义（列出本评价报告中所用到的专门术语的定义和缩写词的原文）

（四）参考资料

1. 本项目经核准的计划任务书、合同或上级机关的批文

2. 项目开发计划

3. 项目评价所引用的其他资料

二、评价内容

（一）经济指标评价

1. 系统开发与运行的费用总和,将它与设计时预计的费用进行比较,如不符时,找出其原因

2. 新系统带来的经济效益

3. 系统后备需求的规模与费用

（二）性能指标评价

1. 系统的工作效率

2. 适应性评价（即当运行环境变动时系统的适应能力,系统的可扩充性）

3. 维护性评价（即系统出错时的维护能力）

4. 工作质量评价（即操作的方便及灵活性,用户的满意度,数据的准确性）

5. 安全、可靠性及保密性

（三）管理指标评价

1. 各级领导及业务人员对系统的评价

2. 信息系统的管理者对系统的评价

3. 外部环境对系统的评价

（四）系统开发质量评价

附录 C　凯云协同软件开发平台

凯云协同软件开发平台(Kiyun Studio 6.0,以下简称为 K6),由北京凯云创智软件技术有限公司自主研发,是一种快速开发管理信息系统的工具。K6 可实现免源代码的系统开发,使用用户可以在较短时间、较少人力投入的情况下,构建各类协同管理信息系统。

一、技术架构

K6 基于模型驱动架构,通过元数据来保存数据实体、用户界面和业务流程的模型。应用软件系统根据元数据描述的模型来访问数据、加载用户界面并驱动业务流程。

使用数据实体定义工具进行数据实体定义时,一方面对数据实体的定义进行了描述,另一方面建立了数据实体之间的关系,这两方面的数据都作为数据实体元数据保存到数据库中。K6 通过 OR Mapping(对象 – 关系映射)的方式封装了对数据库的访问,以对象的方式来访问数据库中的数据,避免了通过写 SQL语句来创建或维护数据表,或通过写 SQL 语句实现对数据的新增、修改、删除和查询的传统编程方式。

界面设计工具能够根据数据实体的属性以及数据实体之间的关系快速地设计单据、序时薄、报表、菜单、工具栏等用户界面,同时支持通用表单的设计。通过界面设计工具设计的用户界面以界面元数据的方式保存在数据库中,运行时框架组件动态加载界面元数据并创建用户界面。通过元数据来描述用户界面的方式实现的界面的动态构造,使用用户界面易于调整和维护。

K6 集成工作流引擎,能够对业务流程进行建模。业务流程建模的结果以元数据的方式保存在数据库中,运行时由工作流引擎根据元数据的描述驱动业务流程。

K6 的这种以模型驱动的方式,而不是编程的方式,使软件系统更加易于理解,并且有更好的扩展性和可维护性。

二、技术特性

K6 的技术特性如下:

(1) 支持智能客户端架构。

(2) 对于 Internet 应用有良好的支持。

232

（3）支持多种主流数据库,能够满足不同的应用需求。

（4）集成了工作流引擎,实现业务逻辑和业务流程的统一。

（5）具有全面的扩展性,能够实现任何复杂的业务逻辑。

三、开发平台展示

K6 提供了集成的开发和设计环境,包括强大的业务建模环境、业务设计和底层开发环境的无缝集成、完整的开发调试环境等,对于一个 . NET 应用项目而言,所有的开发内容都可以方便快捷地通过 K6 完成,而不需要使用其他开发工具。K6 实现了真正意义上的可视化建模及软件开发。开发人员将不再是通常以代码为基础,而是完全基于业务描述为核心来构建管理信息系统。系统内置了诸多开发过程中必须和常用的标准业务功能模块,使通用操作控件化,开发人员可以直接拖曳引用,自由生成无源码的程序,实现了技术无关性。查询、统计、流转功能强大,使用简单;平台的业务导入导出、业务复用等功能,极大地提高了开发效率,对应相似的业务最大限度的减少了重复开发量;系统具有开放透明的应用接口,可以广泛地与其他应用软件整合。K6 开发平台提供的开发内容如图附图 1 所示。

附图 1　K6 开发平台展示

四、开发流程

通过 K6 平台开发系统的主要流程有定义数据实体、设计用户界面、设计业务流程、组织机构及用户权限、扩展业务逻辑以及配置和发布系统。

（一）定义数据实体

1. 数据实体的定义

在 K6 中,数据实体是描述数据的类,它不仅定义了数据的属性和数据之间的关系,同时包含特定的操作和行为。K6 支持数据实体之间的继承、关联和聚合关系,为面向对象的设计和编程奠定了良好的基础。K6 封装了对数据的访问,通过数据实体对象来访问数据,能够通过对数据实体类的扩展来实现特定的业务逻辑。

2. 数据实体定义工具的功能

K6 的数据实体定义工具实现数据实体的新增、修改、删除和分组操作,操作结果以数据实体元数据的形式保存在数据库中。数据实体定义工具根据数据实体元数据自动创建和维护数据库中的数据表等数据库对象,同时能够根据数据实体元数据自动生成数据实体类的源代码,以实现对数据实体类的扩展。

3. 数据实体的扩展属性

K6 中的数据实体除定义了字段的数据类型、长度等基本属性外,还可以定义级联删除、是否必录等扩展属性。K6 扩展了数据实体的基本行为,增加了缓存模式管理、层次结构管理等特性。

(二)设计用户界面

1. 用户界面的设计方式

在完成数据实体定义后,通过 K6 的界面设计工具可以快速地完成用户界面的设计。通过界面设计工具设计的用户界面以界面元数据的形式存储于数据库,运行时由运行时框架自动加载用户界面。

2. 通过元数据来描述用户界面的优点

由于是通过定义界面元数据而不是编程的方式来设计用户界面,使得用户界面的调整更加灵活和方便。当需要调整用户界面时,只需要使用界面设计工具修改界面元数据,客户端组件不需要进行任何更新,避免了传统的编程方式需要重新编码并重新发布的问题。

通过界面元数据定义用户界面的方式还避免了传统的编程方式中对于用户界面的硬编码,使得相同的软件访问不同的数据库时用户界面可以有不同的行为,从而使软件系统有更好的适应性,能够更好地满足不同用户的个性化需求。

3. 界面设计的内容和功能

K6 的用户界面分为通用界面、单据界面、一览表界面、报表界面等,可以使用多达 21 种的基础控件和 4 种容器控件进行任意组合,构建任何复杂的用户界面。

K6 预置了大量的基本操作,如单据的新增、修改、删除、复制、审核、套打等操作,以及报表的过滤、打印、预览、联查、导出、快速查找、图表分析等操作。开发人员只需要重点关注具体的业务逻辑实现,从而可以快速搭建大型应用软件系统。

(三)设计业务流程

K6 集成了工作流引擎,能够通过图形化的方式直观地设计业务流程。只需要拖动所需要的活动到流程图上,再设置活动属性,就可以定义出各种业务流程。

业务流程以元数据的方式保存在数据库中,运行时由工作流引擎根据元数据的描述驱动业务流程。K6 的工作流引擎与业务功能紧密集成,使软件系统能够以流程化的方式来处理各项业务。

（四）构建组织机构及用户权限

组织机构与角色是业务流程开发的基石,K6 提供了完善的组织机构和业务权限分工支持,对现代企业组织机构的不同形式和构成要素提供全面支持,通过可视化组织机构与角色建模工具构建组织机构。开发人员只需要通过拖拉的方式即可进行应用的组织机构、角色图形化建模,从而大大简化并加快了建模过程。

根据组织机构的层级关系、业务范围,开发人员可按照管理权限、业务分工、操作权限、数据权限以及分级授权等方面考量进行用户权限设定。

（五）扩展业务逻辑

K6 基于模型驱动架构,通过元数据来描述数据实体、用户界面、和业务流程,通过 K6 能够完成大部分的业务模块的功能。由于管理软件业务规则的复杂性,业务框架不能完成所有业务的处理过程,因此仍然存在需要通过编程才能完成的业务功能。

K6 提供了全面的扩展性,能够实现对数据实体、用户界面和业务逻辑的扩展。开发管理软件系统时,通过在 K6 定义数据实体、用户界面、和业务流程,并结合部分编程工作来完成交付用户使用的管理信息系统。

K6 可以作为 Microsoft Visual Studio 的插件,与 Microsoft Visual Studio 的开发环境进行集成。

（六）配置和发布系统

K6 提供完善的系统发布工具,方便系统发布。系统发布工具提供编译组件、创建模板数据库,以及配置公司名称、产品名称、图片、非对称加密公钥等项目的功能。通过系统发布工具,可以结合产品细分的要求,快速地发布产品。

参 考 文 献

[1] 甘仞初. 管理信息系统(第2版). 北京:机械工业出版社,2008.

[2] 何泽恒, 胡晶. 管理信息系统. 北京:科学出版社,2010.

[3] 薛华成. 管理信息系统(第5版). 北京:清华大学出版社,2007.

[4] 王小铭. 管理信息系统及其开发技术. 北京:电子工业出版社,2002.

[5] 陈国青,李一军. 管理信息系统. 北京:高等教育出版社,2006.

[6] 肯尼思·C·劳东,简·P·劳东. 管理信息系统. 劳帼龄译. 北京:中国人民大学出版社,2009.

[7] 斯蒂芬·哈格,梅芙·卡明斯. 信息时代的管理信息系统(第8版). 严建援,等译. 北京:机械工业出版社,2011.

[8] O'Brien J A, Marakas G M. 管理信息系统(第7版). 李红,姚忠译. 北京:人民邮电出版社,2007.

[9] 罗超理,封宏观,杨强. 管理信息系统原理与应用(第2版). 北京:清华大学出版社,2007.

[10] 王珊,萨师煊. 数据库系统概论(第4版). 北京:高等教育出版社,2006.

[11] 高洪深. 决策支持系统(DSS)理论·方法·案例(第3版). 北京:清华大学出版社,2007.

[12] 康东,李勇鹏. 射频识别(RFID)核心技术与典型应用开发案例. 北京:人民邮电出版社,2008.

[13] 周洪波. 物联网技术、应用、标准和商业模式. 北京:电子工业出版社,2010.

[14] 张兴全. 装备保障信息化. 北京:解放军出版社,2003.

[15] 任连生. 基于信息系统的体系作战能力概论. 北京:军事科学出版社,2010.

[16] 王先国等. UML统一建模实用教程. 北京:清华大学出版社,2009.

[17] 冀振燕. UML系统分析设计与应用案例. 北京:人民邮电出版社,2004.

[18] 李博. 使用Visual Basic和UML开发应用程序. 北京:清华大学出版社,2002.

[19] 邵维忠. 面向对象的系统设计. 北京:清华大学出版社,2003.

[20] 杨学强,等. 装甲装备器材管理信息系统培训教程. 北京:装甲兵工程学院,2001.

[21] 王青海,等. ×××师装备保障信息化建设文档. 北京:装甲兵工程学院,2003.

[22] 王铁宁,等. 全军装甲装备器材保障信息化建设资料. 北京:装甲兵工程学院,2003.

[23] 王铁宁,等. 装备保障信息系统工程. 北京:装甲兵工程学院,2003.

[24] 王铁宁. 战略装甲装备器材保障工程. 北京:兵器工业出版社,2006.

[25] 乌家培. 关于推进企业信息化的思考. 经济经纬,1999(4):39-41.